安倍政権の行方

政治のリアリズム

歳川隆雄
Takao Toshikawa

花伝社

はじめに

筆者は、2019年初頭から10月の消費増税の再々延期と7月の衆参同日選の可能性が高いことを指摘し、そのように繰り返し書いてきた。ところが、その予想は見事に外れた。検証する。主宰する情報誌「インサイドライン」（3月25日号）には「消費増税再々延期発表へ?!」と題して次のように書いている。

《本誌はこれまでにも衆参同日選の可能性が高いことを繰り返し伝えてきているが、それは今や確信に近いものになっている。……国民の多数が景気回復を実感できていないのが実情だ。消費増税強行はリスクが高すぎる。7月28日、8月4日のいずれかの衆参同日選というのが、現時点での本誌の見立てである。》

その後も、『週刊東洋経済』（6月8日号）の連載コラム「フォーカス政治」に、何と「衆参同日選の確率70％超―消費増税再々延期が焦点」の見出し付きで以下の記事を掲載した。

《……消費増税を再々延期する可能性を排除しない。繰り返すが、安倍（晋三）首相の政策決定の起点は「選挙に勝つ」ことである。衆参ダブル選挙であったとしても、増税では選挙に勝てるのかとの思いが拭えない。いずれにしても、参院選シングルか、先述シナリオ③（注・10

日余りの通常国会の会期延長を行ったうえで、6月28日〜7月4日のいずれかに衆院解散、同11日参院選・16日衆院選公示、28日に衆参ダブル選挙)、④(同：7月5〜11日のいずれかに衆院解散、同18日参院選・23日衆院選公示、8月4日に衆参ダブル選挙)のいずれかであることは確かである。》と言い切っていたのだ。

7月21日の参院選で自民、公明の与党が目標の改選議席過半数を制した「安倍政権勝利」後、安倍氏はなぜ、消費税率10％引き上げを決断し、衆参同日選を断行しなかったのかを、筆者は自省を込めて改めて深掘り取材を行った。

そこから判明したことは、安倍氏が6月上旬まで消費増税の三度見送りと衆参同日選に拘泥していたのは紛れもない事実であるということだ。

5月の大型連休を山梨県・河口湖の別荘で過ごした安倍氏は、周辺との会話の中で「MMT(現代貨幣理論)」という言葉を頻繁に口にしていた。デフレ脱却までは国債に基づいて政府支出を拡大すべきだとする同理論は消費増税反対論者の拠りどころであり、大型財政出動を行えば消費増税による財政健全化に執着する必要はないというものである。

さらに言えば、安倍氏が消費増税を所管する財務省に対して根強い不信感を抱き続けてきたこともあった。筆者は6月中旬、財務省最高幹部との酒席の機会を得た。しかし、同氏は依然として増税実施に絶対の確信があるように見えなかった。首相の胸中を読み切れていなかったのだ。

一方、参院選単独、それとも衆参同日選なのかの判断についても、安倍氏が最後まで迷っていたとの証言を得た。現職閣僚、自民党3役経験者、安倍氏の友人ら「首相周り」も含まれる。それにしても、筆者を含めた多くの永田町ウォッチャーが安倍氏の判断を見誤ったのは事実である。再度、言う。なぜ、安倍氏は参院選単独を決断したのか――。現在に至るまで得心できる理由を聞いていない。その「解」を求める取材を今後も継続する。それが筆者に課せられたミッションであるからだ。

そうした中で、現在、安倍政権が立ち向かわなければならない数々の課題、というよりも日本が直面する諸難題は、日々激変する国際情勢に翻弄され、容易に解決できないように思われる。

「戦後最悪の関係」とされる直近の貿易管理をめぐる日韓対立、緊迫の一途を辿る中東・ホルムズ海峡情勢、止まるところを知らない米中貿易戦争の先行き、欧州連合（ＥＵ）のポピュリズム台頭と景気の大幅後退、日本が置いてきぼりにされかねない4回目の米朝首脳会談、国際金融センター香港の政府抗議活動の長期化で中国の人民武装警察による鎮圧懸念、10月下旬の大統領選を控える南米アルゼンチンの通貨ペソ急落による債務不履行（デフォルト）再発危機、米連邦準備理事会（ＦＲＢ）の利下げ転換に端を発した各国中央銀行の利下げ追随、など世界経済減速に拍車がかかっている。

日本における「円高・株安」進行が、今秋から20年初めにかけて、わが国の経済・景気に深刻な事態を引き起こす懸念がある。「リーマン・ショック級の事態」の再来と危機感を煽るつもりは毛頭ないが、厳しい経済状況がこれからの日本政治に与える影響は少なくないはずだ。

こうした基本的な認識に基づいて、本書は、「アベノミクスの行方」、「トランプと安倍政権」、「米中衝突の現実」、「米朝関係はどうなる」、「日露関係は展望を開けたか」、「『外交の安倍』の虚実」、「官邸支配」、「安倍政権は『この国のかたち』をどのように描いたか」の各8章と、「政局を読む」の終章によって構成されている。

日本の将来が見通しにくい中で、本書が読者の「目」と「耳」となり、厳しい現状理解の一助になることを切に望む。

・本書は2014年1月から2019年7月にかけて『夕刊フジ』に連載した記事から抜粋し、再構成したものである。掲載にあたっては加筆・修正を適宜加えた。
・各章の序文、終章、「はじめに」、「あとがき」は書き下ろしである。
・登場人物の所属・肩書は、原則当時のものである。

政治のリアリズム——安倍政権の行方◆目次

第1章　アベノミクスの行方　14

第2章 トランプと安倍政権――日米関係のリアリズム 44

第3章　米中衝突の現実　88

第4章 米朝関係はどうなる 112

第5章　日露関係は展望を開けたか　140

第6章　「外交の安倍」の虚実　160

5 日本・トルコの〝絆〟で光を（2015・11・10）……172
6 各国首脳との〝調整〟政策実現への根回し（2016・4・19）……174
7 ベトナムの日本傾斜加速（2016・7・12）……176
8 モディ印首相との良好な関係を「対中カード」に（2016・11・8）……178
9 日米サウジ争奪戦の重要性（2017・3・28）……180
10 対北で結束するG7サミット（2017・5・30）……182
11 異例の厚遇をした中国国務委員（2017・6・6）……184
12 「インド太平洋戦略」の生みの親（2017・12・5）……186
13 イラン政策で存在感示せるか（2019・6・11）……188

第7章 官邸支配――「安倍一強」の源泉 190

1 国家安全保障局、〝タコ部屋〟詰めで忙殺の日々（2015・1・20）……194
2 内閣情報局構想が再浮上（2015・2・17）……196
3 財務省トップ入省、初の東大法学部以外（2015・4・28）……198
4 安倍首相に漂う「気配り」「すごみ」（2015・9・15）……200
5 対外インテリジェンス機関の設置を（2016・4・26）……202

第8章 安倍政権は「この国のかたち」をどのように描いたか

第1章　アベノミクスの行方

第2次安倍内閣は2012年12月26日に発足した。その後、今日に至るまで安倍晋三首相が進めてきたアベノミクス（安倍政権の経済政策）は、果たして長期デフレに苦しめられた日本経済を活性化し、景気を回復軌道に乗せたと言えるのだろうか――。

首相官邸5階の首相執務室に、その日の東京株式市場の日経平均株価を示す電光掲示板が設置されていることは周知の通りである。事実、安倍氏が株価と為替（対ドル円レート）を気にかけていることもまた知られている。

株価を見てみよう。安倍氏が再登板して100日が経った13年4月4日、日本銀行（黒田東彦総裁）の政策決定会合が開かれた。同会合で東京株式・為替市場関係者の予想を遥かに超えた「異次元の金融緩和策」が、黒田総裁のイニシアチブによって打ち出された。

米連邦準備理事会（FRB）のベン・バーナンキ議長（当時）など華麗な国際金融マフィア人脈を持つアジア開発銀行（ADB）の黒田総裁を、安倍首相が日銀総裁に起用したのはわずか2週間前のことだった。

この「黒田効果」はてきめんに効いた。大型連休明けには日経平均株価は1万6000円を窺う勢いであった。「阿波踊り相場」とまで囃し立てられた。多くの人は忘れているかもしれないが、そもそも旧民主党の野田佳彦政権末期の株価は8661円（12年11月13日の終値）だったのだ。株価だけを見れば、確かにアベノミクスが奏功したと言っていい。

だが、同年6月に発表されたアベノミクス「3本の矢」――①大胆な金融政策、②機動的な財政政策、③民間投資を喚起する成長戦略――はその後、どのような経緯を辿ったのか。

当時、首相官邸のホームページには次のように記されていた。《すでに第1の矢と第2の矢は放たれ、アベノミクスの効果もあって、株価、経済成長率、企業業績、雇用等、多くの経済指標は、著しい改善を見せています。また、アベノミクスの本丸となる「成長戦略」の施策が順次実行され、その効果が表れつつあります。》

その通り、成長戦略がアベノミクスの1丁目1番地なのだ。がしかし、問題は本当にその成長戦略が実行され、成果をもたらしたのかである。

安倍首相の「Buy My Abenomics」発言は、13年9月25日にニューヨーク証券取引所（NYSE）で行った講演で飛び出したワーディングで、市場関係者に大受けした。翌年8月10日発売の『文藝春秋』（9月号）に「アベノミクス第2章起動宣言」と題した論文を発表、デフレ脱却に向けた決意を表明した中で、地方振興・人口減少対策に全力を挙げるとした。

ここまでは良かった。筆者も同論文に得心するところがあり、これに呼応する形で自身の連載コラムに人口減少対策を提言したほどだった（第8章1を参照）。

その後は周知のように、第3次安倍改造内閣で一億総活躍相を新設、側近の加藤勝信官房副長官を起用して同相の下に「一億総活躍国民会議」を設置したのが15年10月だった。さらに翌年8月には一億総活躍社会実現を目指し、加藤氏を新設した働き方改革担当相兼務にした上で9月に自らが議長となる「働き方改革実現会議」も設置した。

要は、アベノミクスの第2ステージとして新政策立案・遂行のための「箱」を相次いで作り、霞が関のアイデアマン官僚を送り込んだのだ。

その間の日経平均株価の推移は以下の通り。15年10月30日1万9083円、16年9月30日1万6449円、同12月30日1万9114円、そして17年6月2日には2万円台超えの2万177円となった。乱高下があったが、安倍政権誕生後4年半で株価は8600円から2万円超に上昇したのである。

首相官邸ホームページが自賛した「経済指標の改善」を否定するつもりはない。雇用統計を見ても、先進諸国と比較して実質完全雇用に近い水準に達していることも認める。

では、国民の多くがアベノミクスの恩恵を受けて景気回復を実感しているのか、地方と都市部の格差改善に明るい兆しが見えたのか、主要企業収益の回復によって設備投資が伸びて賃上げは実現したのか、と問えば、いずれの答えも否である。

財政当局の言い分は分かる。だが、19年10月からの消費増税が待ち受けている。年内の「リーマン・ショック級の事態」は出来しないにしても、現下のイラン・ホルムズ海峡情勢に見られるように地政学的リスクは高いし、出口が見えない米中貿易戦争の先行きから世界経済減速など将来不安のネガティブ要因が少なくない。

だからこそ今、アベノミクスの最終楽章に、例えば「株価3万円を目指す」といった元気印のスローガンを盛り込むことが求められているのだ。安倍首相の指揮者（コンダクター）としての器量が問われている。

1　策定中心人物が説くアベノミクス

（2014・3・3）

この間何度か、内閣官房参与の本田悦朗静岡県立大学教授（1979年旧大蔵省入省）から話を聞く機会があった。

改めて指摘するまでもなく、本田氏はアベノミクス策定の中心人物である。本田氏が安倍晋三首相の経済政策のブレーンであることは、同氏が官邸首相執務室と同じ5階に部屋を持っていることでも理解できる。さらに、13年4月に刊行した『アベノミクスの真実』（幻冬舎）は、表紙に「安倍総理公認」と銘打っているように、安倍政権が昨年春以降打ち出したアベノミクスに関する〝アンチョコ〟と言っていいものだ。

ところが最近、同氏の名前が新聞を賑わしたのは、アベノミクスとはまったく関係ない事についてであった。

米紙ウォールストリート・ジャーナル（WSJ　2月19日付電子版）の記事中の本田氏の発言が物議を醸した。インタビューに応じた同氏が語ったとされる件は以下の通り。「日本の平和と繁栄は彼ら（神風特攻隊）の犠牲の上にある。だから安倍首相は靖国神社に行かなければならなかった」――。

本田氏は、アベノミクスから靖国参拝までテーマは多岐に渡り、その中で先の大戦末期に米艦に体当たりして玉砕した神風特攻隊をどう思うかと尋ねられたので答えたのに、と不満気味である。要は、つまみ食いされたのだ。インタビュアーがＷＳＪ紙前北京特派員の親中派であることにもう少し警戒すれば良かったと本田氏は言うが、後の祭りである。

本稿で取り上げたいのは別の話だ。同氏のアベノミクスについての解説が、実に明快で分かりやすいということだ。その一端を披瀝したい。

アベノミクスの要諦は、①デフレ脱却のための大胆な金融政策、②景気回復支援のための機動的な財政政策、③日本再興戦略のための成長政策、の３本柱だ。世上言うところの「３本の矢」である。

第１の矢と第２の矢で需要を喚起して、供給側の政策（サプライサイド・ポリシー）としての第３の矢で成長経路を定着させる。

金の卵を産むニワトリは大きく育てて、ひとつでも多くの金の卵を手にするべきだ、途中で絞めては得るものは無きに等しい、とも言う。

その具体策は、労働（女性と高齢者活用）、土地（エネルギー安定供給と農地集約化）、資本（法人税改革と金融資本市場改革）、知恵（規制改革）、インフラ整備（東京五輪）である。本田氏の説明に得心がいった。

2 人口急減対策に注目せよ（2014・6・17）

アベノミクスの成否のカギを握る経済財政運営の指針（骨太方針）と新成長戦略の概要が、各紙報道で判明した。

その中でも、産経新聞（6月10日付朝刊）が詳報した人口減問題への対応策が重要である。海外の投資家もわが国の移民政策との関連で、この問題に注目している。英誌エコノミスト（5月31日号）は、「日本で初めて移民政策が議論され始めた」と評した上で、次のように報じた。

「現在、日本の人口に占める外国系住民の割合は2％も満たさず、他の先進国を大幅に下回っている」とし、「安倍晋三首相が返り咲いてから掲げてきたスローガンはデフレからの脱却であったが、人口が世界最速で減少している時は、成長底上げ戦略は容易ではない」

もちろん、この指摘は正しい。碩学ピーター・ドラッカーは90年代後半、自著で「21世紀の最も深刻な事態は破局的とも言うべき少子化の進行であり、これは人類史上初めてのものである」と警鐘を鳴らしていた。

安倍政権は2014年2月、2015年以降、新たに年間20万人の永住移民受け入れを奨励する報告書を発表した。

人口急減社会で経済成長を確保するには労働力の維持拡大が不可欠であり、そのためには当面、低賃金の外国人労働者受け入れが必要となる。

ところが、現実には建設・サービス業界などで働く外国人は一時滞在のビザ発給で来日している。仕事を終えれば帰国せざるを得ない。

アベノミクスによる景気回復が本格化すれば、労働需要がさらに拡大する。都内の牛丼屋のアルバイトが時給1500円の時代となったのだ。

移民政策に加えて、重要なのが具体的な少子化対策である。出生率が現状のまま推移すれば、50年後の人口は現在の3分の2の8700万人にまで減少する。

1億人の人口維持の必要性を政府の有識者会議は唱えるが、具体策を提起していない。

昨年度の出生率は1・4と2年連続改善したが、2・0のフランスに遠く及ばない。それだけではない。国民総生産（GDP）比3％相当の予算を子育て支援に振り向けているのだ。

フランスは、第2子以降の家庭に育児休業の所得補償や家族手当を整備、税制上の優遇策を講じ、その他にも妊婦検診から出産費用、公立保育園の無料など大胆な子育て支援を断行、奏功したのだ。

新成長戦略に人口急減対策がどこまで盛り込まれるのか、注視したい。

3　官製相場報道、安倍首相は「勝てば官軍」（2015・4・21）

最近、新聞紙上で「官製相場」という表現が目に付く。

4月10日、東京株式市場で日経平均株価は一時、15年ぶりに2万円の大台を回復した。円安と原油安を追風に大企業の業績回復によって賃上げムードが高まり、個人消費が伸びつつある。

さらに海外の機関投資家が日本株を買う動きも活発だ。事実、外国人投資家の買い越し額（3月30日～4月3日の週の）規模が一気に増大した。

だが、市場関係者の一部には株高を下支えする「公的マネー」の存在をネガティブに受け止める向きが少なくない。冒頭の「官製相場」という用語は、安倍晋三政権が政策的に公的マネーを動員して株式相場を押し上げているという見方に立つものだ。

直近の報道を検証してみる。

「公的資金、株買い越し最大―年金・日銀・かんぽ昨年度5兆円、株価形成にゆがみも」（日本経済新聞4月3日付朝刊）

「公的マネー、株高下支え―年金運用資産が流入」（朝日新聞11日付朝刊）

「株価2万円のカラクリ―公的年金の官製相場→参院選勝利→安倍首相の悲願『憲法改正』」

（毎日新聞13日付夕刊）

各紙の大見出し「公的マネー」は、14年10月31日に追加金融緩和に踏み切った日本銀行（黒田東彦総裁）、１３０兆円の運用資産を持つ年金積立金管理運用独立行政法人（ＧＰＩＦ。三谷隆博理事長）、今秋に親子上場する日本郵政（西室泰三社長）傘下のかんぽ生命保険の株式投資を指す。

実は、これ以外にも国家公務員共済組合連合会などの共済年金、そして4月1日に15年度からの中期経営計画を発表した日本郵政グループのゆうちょ銀行なども日本株買いに走っているのだ。

とりわけ、２０５兆円の運用資産を有するゆうちょ銀行の活発な株式投資が際立っている。その中のリスク資産（3月末時点で外債31兆円超、国内株式2兆円）を向こう3年間で14兆円積み増すというのである。

豪大手物流買収を決めた日本郵政の資産評価能力や最近のゆうちょ銀行幹部人事が疑問視され、金融のプロ不在など問題は少なくない。

それにしても、ゆうちょ銀行による国内株式の〝爆買い〟が株高を支えているのは事実である。こうした公的マネーによる株高下支えが官邸の意向にそった「官製相場」と言われるのだが、安倍首相は〝勝てば官軍〟と、気にかけていない。

4 日本郵政グループ3社の上場

（2015・8・4）

今秋、日本郵政グループの日本郵政（西室泰三社長）、ゆうちょ銀行（長門正貢社長）、かんぽ生命（石井雅実社長）の3社が東京証券取引所（一部）に上場する。

これまでに大手企業の新規上場は5例ある。

1989年（平成元年）のNTTドコモ（吸収金額2兆1255億円）、93年のJR東日本（9500億円）、94年の日本たばこ（JT　5670億円）、2010年の第一生命（7131億円）、12年の日本航空（JAL　6633億円）である。

市場関係者は今、日本郵政グループ3社の吸収金額（上場で調達できた市場価格）が2兆円近くに達すると見ている。

ところが、懸念事項があるのだ。過去5社のケースは、NTTドコモ以外はすべての銘柄が上場70日後までに値下がりしている。

株価の下落率が一番高かったのは第一生命で、上場70日後には約25%も下がった。JTは約20%、JR東日本は約15%下落した。

こうしたことから、日本郵政グループの上場について、懸念材料としてビジネス・モデルの確立が不十分であることが指摘されているのだ。

その象徴の一つがゆうちょ銀行の資産運用体系である。約160兆円の有価証券を運用する巨大銀行の有価証券運用比率は、この6年間、1%台前半に留まっている。13年1・07%、14年1・14%であった。

これは資産運用の殆どが国債に向けられているからだ。厚生労働省年金局が所管する年金積立金管理運用独立行政法人（GPIF）の運用実績（3年間で36・7兆円）と比べると格段の差がある。

巨額な不適切経理問題が明るみになった東芝事件によって、コーポレートガバナンスの厳格化が求められている。

その一方で、株主資本利益率（ROE）の向上もまた求められている現状下、果たして日本郵政グループは国内外の投資家を満足させるような資本利益率を上げられるのかと疑問符を付ける向きが少なくない。

要は、資産構成比率を国債から株式など他の資産に分散することを優先し、運用益が向上した後に上場すべきではないかというのだ。

それだけではない。同グループの上場は巨額の資金を市場から吸収することになり、他の株式から資金を吸い上げるリスクがある。日本郵政上場後、株価が万が一下落するようなことになれば、批判の矛先は「株価が命綱」の安倍政権に向かうということになる。

5 「黒田バズーカ」第3弾は発射されるのか （2015・12・8）

ここに来て、過去最高利益を計上している大手企業の利益の蓄積である内部留保（約354兆円）への課税論が影を潜めている。

その理由は、現在の法人実効税率を32・11％を2016年度から29・97％に引き下げることが決定したからだ。

そもそも内部留保課税について、麻生太郎副総理・財務相が11月13日の閣議後の記者会見で「内部留保税は二重課税になる。安易にやるべきではない」と反対していた。

企業経営経験があり、日本青年商工会議所会頭も務めた麻生氏には、自由主義経済の基本ルール逸脱と映るのだろう。

それにしても、政府与党内には依然として企業に対する内部留保課税を検討すべきだという声が少なくない。

例えば、自民党の中堅・若手の勉強会「次世代の税制を考える会」（幹事世話人・鈴木馨祐衆院議員）は、課税実現に向けて政府や党税制調査会（会長・宮澤洋一前経済産業相）に働きかけていく方針を決めた。

鈴木衆院議員が旧大蔵省ＯＢであることでも分かるように、財務省（田中一穂事務次官・1

979年旧大蔵省）は現在、「スカーレット・レター構想」を検討しているのだ。

スカーレット・レター（緋色の文字）の語源は、清教徒の女性で姦通者に懲罰として赤い色のアルファベット「A」の一文字を胸に付けさせて孤立感と屈辱を味わわせる罰則に由来する。

それを現代風に解釈すれば、利益を設備投資に回さない、人件費を上げない、それでいて海外のM&Aにつぎ込むような企業を「赤」や「青」に色分けして各々に課税するというものだ。法人減税前倒しの旗を振った経済産業省（菅原郁郎事務次官・81年旧通産省）に対する、税収減に直面する財務省のカウンターアタックと言っていい。

実現性が低いにしても、こうした構想が取り沙汰されるのは、国内総生産（GDP）が2四半期連続でマイナス成長となり、GDPの伸びに不可欠な企業の設備投資拡大への反応が鈍いからだ。

そうした中で、日本銀行の黒田東彦総裁は11月30日、名古屋での講演で次のように語った。

「デフレという〝すくみ〟の状況を打破するには、誰かが断固たる決意を持って物事を変えなければなりません。そしてそれが、物価の問題である以上、まず行動すべきは日本銀行です」

18日の政策決定会合で「黒田バズーカ」第3弾発射＝サプライズの可能性大である。

6 軽減税率導入、意気消沈する財務省

（2015・12・22）

軽減税率導入を巡る政治との攻防で二連敗した財務省（田中一穂事務次官、79年旧大蔵省入省）が意気消沈している――。省内の中堅・若手から「田中次官は責任を取って腹を切れ」という声まで出ているというのだ。

事の発端は、2017年4月の消費税率10％引き上げ時に負担軽減策「消費増税分給付案」を準備していたが、マスコミ各社の反対キャンペーンと与党・公明党の反対によって潰されたことだった。

同省最高幹部は筆者に、「ナベツネさん（渡邉恒雄読売新聞グループ本社会長兼主筆）にしてやられた」と語った。9月初旬からの同紙の大々的な反対キャンペーンは連日一面トップで展開され、他紙も倣った。

一方、16年夏の参院選を視野に入れる安倍晋三首相もまた公明党との選挙協力を優先、軽減税率導入に舵を切った。

そうした中で、大きな役割を果たしたのが菅義偉官房長官であった。同氏は水面下で創価学会幹部と接触し、公明党との選挙協力取り付けを実現、その上で次なる攻防に臨んだ。

すなわち、軽減税率の対象品目決定とその財源を巡り、財務省との間で熾烈な綱引きが行わ

れたのである。

財務省は連携相手の自民党税制調査会（宮澤洋一会長）に対し、対象品目を野菜、魚、肉などの生鮮食品に限定するよう強く働きかけた。自民党税調の要請を受けた谷垣禎一幹事長、稲田朋美政調会長が同調したのだ。

一方の公明党は「痛税感の緩和」を主張し、生鮮食品に豆腐、納豆、海苔などの加工食品も加えた食品全般（酒類を除く）にすべきだとした。

当然にも、この攻防は財源問題と表裏の関係にある。前者であれば4000億円、後者にすれば1兆円。財政再建が悲願の財務省は4000億円を譲らない。

ところが、政治決断に押し切られそうになった同省は、食品全般に「外食」も入れるという奇策に打って出た。必要な財源は1兆3000億円にはね上がることを承知の上で主税局（佐藤慎一局長・80年）が捨て身の勝負をかけたのである。

そして敗北した。酒類と外食を除く食品全般で決着したのだ。官邸の結果を聞いた佐藤局長は一時、「錯乱」状態に陥ったとされる。

予定調和人事の財務省は今、ポスト田中が確実視されていた佐藤氏の次官昇格が、官邸の介入で実現しないことを危惧している。

7 「黒田バズーカ」の裏にあるもの（2016・2・9）

1月31日のことだ。米フロリダ州のリゾート地ボカラトンに、欧米の大手ヘッジファンドをはじめ投資顧問・資産運用会社のトップが蝟集した。

「対外厳秘」とされたこの会合の出席者全員が、守秘義務誓約を求められた。従って、この会合が開催されたことを知る者は当事者以外いない。

だが、これからの日本経済の先行きを考える上で重要な会議であった。

そこでは、現下の世界経済の問題点と、今後の有力投資先（国）について意見交換が行われた。改めて指摘するまでもなく、その会合での議論の中心となったのは、日本銀行が同29日に発表したマイナス金利導入を巡る評価であった。

結論を先に言えば、出席者の過半が「黒田サプライズ」を高く評価し、「アベノミクス」がそれなりの成果をもたらせば日本株は「買い」で一致したというのだ。

そもそも黒田東彦総裁は、日経平均株価が1万6000円割れ寸前の21日の参院決算委員会で「現時点でマイナス金利政策を具体的に考えていることはない」と答弁していた。

それだけではない。翌日22～24日に開催された世界経済フォーラム（ダボス会議）出席のためスイス滞在中に米CNBCのインタビューに応じ、ダメ押しするかのように追加の金融緩和を否定した。

ところが、29日の日銀政策決定会合で、ギリギリの5対4の賛成多数で追加の金融緩和策を決めた。この1年3カ月ぶりの追加緩和の肝は、「マイナス金利付き量的・質的金融緩和」である。日銀がマイナス金利を導入したのは初めて。

対象は一般の預金ではない。民間の金融機関と日銀の取引で生じる金利であり、民間銀行が余剰金を日銀に預ける際に適用される金利を現行のプラス0・1％からマイナス0・1％に下げる。黒田総裁は同決定会合直後の会見で「(ダボス会議に出発する前に) 事務方に緩和策の検討を指示した」と明かした。

当日の東京株式市場終値は急騰したものの、先週末まで続落するなど激しい乱高下が続いている。それでも黒田総裁は2月3日の講演でマイナス金利導入を「中銀史上最強の枠組み」と語り、強気の姿勢を崩さない。

それにしても、である。なぜ、それまで強く否定してきた追加緩和を決断したのかの説明がない。スイスへ発つ直前の黒田総裁のもとに安倍晋三首相から電話が入ったとしか考えられない。官邸・日銀の連携である。

8　米アナリストの財政・経済政策提言

（2016・4・5）

友人の在日米国人金融アナリスト、ジョセフ・クラフト氏から現下の厳しい経済・景気情勢打開策について話を聞いた。

それは、2016年度予算が成立した3月29日の安倍晋三首相記者会見前のことだった。年初からの日本株安と円高基調は、中国経済減速懸念、原油価格低迷、米利上げ観測の後退、そしてドイツ銀行を筆頭に欧州金融市場の悪化など国際要因が理由とされた。

そして、こうした諸要因は全世界の金融市場に多大な悪影響を及ぼした。

だが、3月以降、中国政府は景気下支えを表明、原油価格も持ち直し、米連邦準備理事会（FRB）の慎重姿勢（年2回程度の利上げ）を市場が織り込み、直近では金融市場の安定化が見られるようになった。それでも、相対的に日本の金融市場のアンダーパフォーマンス（劣性）が際立っている。

クラフト氏は、先行き景気動向のバロメーターである株価のアンダーパフォーマンスについて、以下のように指摘する。

日本の株安に関して、国際要因から国内要因に移行しているとした上で、①期待外れの春闘ベア交渉②さらなる円高不安、の2つを理由に挙げた。

とりわけ前者について、正規・非正規社員との格差是正と、安倍政権が掲げる同一労働・同一賃金に向けて改善が見られるものの、昨年を大幅に下回る経営側回答に海外投資家を筆頭に株式市場で失望を招いたというのだ。

そこでクラフト氏は、金融政策と財政出動の２つの面での具体的打開策を提言する。

日本銀行が追加緩和策を、５月下旬開催のＧ７伊勢志摩サミットを控えた４月28日の政策決定会合で打ち出すのが効果的だというのである。と同時に、次の追加策は量的・質的資産購入重視であるべきだ、とも。具体的には、上場投資信託（ＥＴＦ）の購入額を増やして購入資産の幅――例えば社債・地方債など――を広げることだ。

一方の財政出動については、先の国際金融経済分析会合でも提言されたように、海外投資家の期待が高まっている。

そして一部新聞報道にもあったが、５兆円超～10兆円規模の16年度大型補正予算編成を４月中に発表すべきだという。

賃上げや設備投資を促すインセンティブとして特別法人減税にも言及。賃上げした企業の法人税引き下げ・完全非課税まで考慮すべきだ、と。

クラフト氏は官邸側にも「政策提言」を行っているとされる。なるほど、これで得心がいった。

9　トップバンカーの注目発言（2016・6・21）

最近、金融業界だけではなく安倍官邸も強い関心を抱いているのは、三菱ＵＦＪフィナンシャルグループ（ＭＵＦＧ）の平野信行社長の言動である。同グループ傘下の三菱東京ＵＦＪ銀行（ＢＴＭＵ）は、純利益、総資産ともに国内ナンバーワンであり、まさに平野氏は日本のトップバンカーである。

直接の契機となったのは、ロイター通信が6月7日に「同行が7月にも国債市場特別参加者（ＰＤ＝プライマリー・ディーラー）から離脱する方針」と報じたことだった。この報道がトリガーとなり、「マイナス金利によって国債保有の損失が生じる」、「国債市場暴落による経済・金融不安が出来する」などと書き立てられた。

そもそも1月に日本銀行（黒田東彦総裁）がマイナス金利導入に踏み切って以降、ＢＴＭＵはメガバンクの中でも際立って批判的であった。

平野社長は4月14日、「（家計や企業の）懸念を増大させている」、「資金利ザヤはさらに縮小して基礎体力低下をもたらす」などと発言。

その一方で、水面下で麻生太郎財務相と接触し落札義務の緩和を求めていたと、金融市場関係者の間で囁かれていた。

結局、6月13日にBTMUは財務省に対して正式にPD資格の返上を申し入れた。

旧知の金融アナリストが問題視しているのは、平野氏発言のタイミングである。上述の発言は、黒田総裁が米コロンビア大学の講演で、金融緩和のさらなる政策予知を謳った直後であった。

そしてロイター通信報道は、6月16日の日銀政策決定会合の直前。世論及び市場不安を煽り、日銀にさらなる金利引下げをさせないよう圧力をかけたと受け止められた。所謂「リーク」である。件の知人は、金融秩序を守るべきトップバンカーとしては少々無責任ではないかというのだ。

筆者にはそう断じる根拠はない。だが、平野氏率いるMUFGがアベノミクスに対して一貫して冷ややかであり続けてきたと、安倍官邸が見ていることを承知している。

それは恐らく、世界ナンバーワンであるトヨタ自動車に対して抱いている気持ちと同じであろう。

同社が先の春闘で真っ先に賃上げ抑制に動いたことに強い不満を持ったのだ。安倍晋三首相と豊田章男社長が微妙な関係にあることは周知の事実。

安倍官邸は今、超優良企業への「内部留保税」というムチを検討しているというのだ。

10 財務省・金融庁・日銀、3者協議の意味（2016・9・27）

9月20日、日本銀行（黒田東彦総裁）の政策決定会合が開かれた前日のことだ。財務省の浅川雅嗣財務官、金融庁の森信親長官、日銀の雨宮正佳理事が密かに蝟集した。この3人は定期的に会い、日本経済・景気動向について意見交換を行っている。同日の会合には、財務省の太田充官房総括審議官も出席している。鳩首会談で何が話し合われたのか。

当然、翌日に控えた日銀の政策決定会合（出席者は正副総裁を含めた9人の審議委員）が打ち出す新たな金融緩和策についての予測と、その対応策であった。

では、日銀の追加措置とは、いったいどのようなものだったのか。

一言でいえば、短期的加速から長期的持続性の政策へのシフトである。

日銀は今回、新たに二つの枠組みを設けた。①イールドカーブ・コントロール（超短期金利操作）と、②オーバーシュート型コミットメント（資金供給量を長期的に持続する）である。

1月に日銀がマイナス金利導入後、長期金利が日銀の想定以上に下落した。皮肉にも効果が強すぎてインフレ期待を上げるのではなく、逆にデフレ懸念を助長してしまったのだ。森＝金融庁はこの点を批判してきた。

従来の日銀は、政策として短期金利のみを操作するのが鉄則だった。

しかし黒田＝日銀は、イールドカーブ（利回り曲線）の形状を是正するために短期金利と長期金利の両方を操作する手法を採用したのだ。

短期金利は政策金利を下げる、長期金利は国債を購入することでイールドカーブを左右させる。そんな腹積もりなのだ。

ただし長期金利とは言え、金利を上げる、そして長期債の購入額を減らすことは、金融市場の一部に金融引き締めとの解釈を招きかねないので、同時にオーバーシュート型コミットメント政策を合わせ技にしたのだ。

これは資産購入額（マネタリーベース）を目標達成まで維持する「保証」である。マネタリーベースが増え続けることが確保できれば、金融引き締めの憶測を打ち消すことになる。

もう大きなバズーカ（異次元緩和）を撃たない、その代わりに現行の超緩和政策を維持するので安心してくれというメッセージなのだ。

雨宮氏は冒頭の会談で森氏にこのことを説明したはずだ。ところが円高が進んだ祭日の22日、3人は財務省で再協議した。表舞台にした理由は分からない。

11 喫緊の課題は経済再生

（2017・6・20）

理論的に説明はつかないが、一定の事象が生じることを「アノマリー」（anomaly）という。明確な根拠があるわけではないが、言わば経験則のようなものだ。

金融市場関係者の間で今、そのアノマリーが取り沙汰されている。

2017年は、12年に一度の干支《えと》が酉年《とりどし》である。

そして干支にちなんだ株式相場の格言に「申酉騒ぐ」というのがある。申年《さるどし》と酉年は株価の上下が激しく、値動きの荒い年になるという意味だ。

一方、西暦で見ても末尾に「7の付く年」は、経済危機と株価大波乱が起きている。

1987年の「ブラックマンデー」（ニューヨーク株式市場が1日で22％の大暴落）、97年の「アジア通貨危機」（タイ通貨バーツの大暴落がアジア各国に波及）、07年の「BNPパリバ・ショック」（仏銀行同社傘下のファンドが投資家の解約を凍結、世界の金融市場がパニックに陥った）などだ。

ブラックマンデーは10月の秋だが、アジア通貨危機、BNPパリバ・ショックは共に8月の暑い最中だった。

そして夏枯れ相場が起きた。市場参加者が夏休みに入るから出来高が縮小し、結果として相場は乱高下に振れやすい。

アジア通貨危機の翌年にロシア危機を招き、米大手ヘッジファンドLTCMが破綻。BNPパリバ・ショックの翌年に世界的金融危機「リーマンショック」が出来した。

では、干支の「申酉騒ぐ」と西暦の「末尾7の年」である本年夏以降の日本経済の行く末はどうなのか。

経済要因に加えて、北朝鮮情勢など地政学的リスクや自然災害など予期せぬ出来事が起これば、パニック売りによる相場の急落は起こり得る。

だが、筆者が信を置く金融機関のアナリストは、今夏の七夕頃、遅くとも年末までに東京株式市場の日経平均株価は2万1000円を窺うところまで回復すると見ている。

もちろん、これには先例のアノマリーの再来がないという前提がつく。

しかし、予測不能のトランプ米大統領の外交・安保・経済政策や、十分機能していると言い難いアベノミクスの先行きなどから悲観的な見方をする向きが少なくない。

であるとしても、筆者が指摘したいことは国内政治の安定である。

確かに、加計学園を巡る与野党の攻防とメディアによる疑惑追及は避けて通れない。しかし、喫緊の課題は経済再生である。

12 日銀内部で「円高・株安リスク」危惧 （2017・6・13）

日本銀行（黒田東彦総裁）は、6月15～16日に金融政策決定会合を開催する。

東京外国為替市場で円相場は一時1ドル＝109円台半ばまで円高が進み、日経平均株価が2万円を割り込んだ。しかし、9日の東証終値は再び2万円台を回復した。

日本経済の基調は、白モノ家電の更新需要が高まり、自動車販売も日産のe－POWER車「ノート」がバカ売れするなど好調であり、決して悪くない。

ところが日銀内部では今、円高・株安リスクを危惧する声が少なくない。

その理由は、3月末時点で保有額が約16兆円に達したETF（株価指数連動型上場投資信託）の購入拡大に対する一部市場関係者からの批判である。

金融政策の異次元緩和の縮小や終了のための「出口戦略」との関係で、取り沙汰されているのだ。

日銀によるETF買いは日本株売り圧力への抵抗力になるとの評価の一方で、購入額が減少すれば日本株の下げを加速させる要因になると批判する向きがあるのだ。

特に後者の意見では、もし株価暴落が出来すれば、日銀は引当金計上を余儀なくされると、強い懸念を示す。

こうしたことから、日銀執行部内に年間6兆円ペースで買い入れているETF購入継続に疑心暗鬼になっている幹部が出てきているという。

その根拠として挙げられているのは、①流動性と株価を歪めている、②筆頭株主になり企業経営に介入してしまう、③バランスシートを圧迫して債務超過に陥る――恐れがあるというのである。

果たして、本当なのか。日銀が保有するETFの総額はGDP（国内総生産）、あるいは株式時価総額の3％未満と極めて小さい。

黒田総裁は日本国債購入が市場を歪めている形跡はないと言明しているが、むしろ国債を減らして株式購入を増額することこそアベノミクス推進に貢献するのではないか。国債の保有率はGDPの約80％に達しているのだ。

次の②だが、ETF購入は指数を購入しているのであって、日銀が株主として個別企業の議決権を持つわけではない。

さらに③であるが、日銀は十分な自己資本を積み上げており、一時的に損失が出ても経営に支障を来すことはない。中央銀行が破綻するような事態はあり得ない。

ということで、日銀が問われていることは、黒田総裁らが現政策に自信を持って市場に発信することであり、強いコミットメントを打ち出すことである。

13 消費増税は失政となるか（2019・7・23）

参院選が終盤を迎えた7月16日午後、東京・永田町の衆院第一議員会館内の多目的ホールで「ＭＭＴ国際シンポジウム」（主催・京都大学レジリエンス実践ユニット）が開かれた。日本経済新聞（7月17日付朝刊）、産経新聞（同）、東京新聞（同）のみの報道だったことからも分かるように、それほど大きな話題にならなかった。

だが、このシンポの目玉が、「ＭＭＴ（現代貨幣理論）」の提唱者である米ニューヨーク州立大学のステファニー・ケルトン教授の講演だったことから一部関係者の強い関心を集めた。後日、各紙は同氏のインタビュー記事を掲載した。

さらに言えば、10月からの消費増税実施を決断した安倍晋三首相が連日、全国遊説している最中に、消費増税に否定的な見解を主張するケルトン氏を招請したことも注目された所以である。

何故ならば、主催責任者が昨年まで安倍政権の内閣官房参与だった藤井聡京都大学教授であり、シンポ実現に協力したのは自民党内のＭＭＴ派とされる安藤裕衆院議員と西田昌司参院議員であるからだ。

そして藤井教授以下、他の講演者の岡本英男東京経済大学学長、松尾匡立命館大学教授はこの間、消費増税反対の論陣を張ってきた面々である。

そもそも、ＭＭＴとはどのような学説なのか。主催者が配布したパンフレットは次のように記す。

《「自国通貨建ての国債では破綻しない」という「事実」、ならびに「国債に基づく政府支出拡大は、経済成長を促す」という「事実」の双方を踏まえつつ、「デフレ脱却までは、国債に基づいて政府支出を拡大すべき」と主張するもの》

要は、日本のように自国通貨を持つ国は債務返済に充てる貨幣を無限に発行できるため、財政赤字が大きくなっても問題ないということだ。

金融政策よりも財政政策を優先すべきとするケルトン氏は講演後の会見で、「あまりにも中央銀行に依存すること（アベノミクスの異次元緩和）は支持しない」と述べた。その上で消費増税についても改めて「適切な政策ではない」と断じた。

だとしても「打ち出の小槌」となるＭＭＴは、財政赤字のツケを中央銀行に回す「財政ファイナンス」を促すため、ポピュリズム的な政策に利用されやすいとの指摘があることは留意すべきである。

どうやら安倍首相は、神様が「インフレは未来永劫発生しない」と約束してくれないので財政再建の道を選んだのではないか。

第2章 トランプと安倍政権

――日米関係のリアリズム

２０１７年1月20日、第45代アメリカ合衆国大統領ドナルド・J・トランプが誕生した。以来、筆者はトランプ・ウォッチングを続けてきている。

世界最強の権力者、トランプ大統領は、実は非常に分かりやすい人物である。ウォッチングすべきはトランプ氏のボディランゲージ（所作）のなかでも握手の仕方なのだ。世界各国首脳の誰であれ、その相手にどのような感情を抱いているのか容易に理解できる。

トランプ氏の握手の仕方は多様であり、概ね7つのパターンを相手によって使い分けている。①ビジネス・シェイク（business shake）：日常生活で誰もが普通に行う握手（以下、右手の握手）。②ハンド・ハグ（urban）：肘を上げて右親指を相手の右親指に絡め人差し指から小指で相手の甲を包む。アスリートや若い人が好む握手であり、ビジネスの席ではほとんど見られない。③シャグ（man hug）：握手と同時に相手をハグする。逞しさを見せながら、親近感を表すもの。ハンド・ハグより親しみ度合いを増す表現である。④シェイク&カバー（double handshake）：握手しながら左手で相手の右手甲を包む。私はあなたより上であり、強いというメッセージが込められている。⑤ハイファイブ（high five　日本語のハイタッチ）：スポーツ選手が始めたジェスチャー。称賛・祝意を表すもの。その際に肩、肘などに触れるとオキシトシンというホルモンが分泌され親近感や絆を感じる。⑥グータッチ（fist bump）：ゴルフでバーディーパットに成功するなどスポーツでナイスプレーをした相手に示す。⑦ヤンク&プル（yank & pull）：握手の際に相手を自分に強く引っ張り込む。自分がワンランク上だと力関係を示す表現。

かくも多くの握手を使い分けているのだ。そしてその恩恵を受けているのが、安倍晋三首相である。安倍氏がトランプ氏と初めて顔を合わせたのは16年11月17日（米国東部時間）だった。ペルーの首都リマで開催されたアジア太平洋経済協力（ＡＰＥＣ）首脳会議出席の途上、ニューヨークに立ち寄り、５番街にそびえたつトランプタワーを訪れた。自宅フロアーで出迎えたトランプ氏が選んだ握手は、当然ながら①のビジネス・シェイクであった。

再会したのは翌年2月10日。ワシントンを訪れた安倍首相はホワイトハウス（ＷＨ）でトランプ大統領と公式会談を行なった。米側記者団を驚かせたのは、ＷＨ正面玄関で安倍氏を出迎えたトランプ氏がいきなり②（ハンド・ハグ）と③（シャグ）の連続砲を放ったからだ。トランプ氏の対応に大統領側近やＷＨの儀典官も仰天したというのだ。２カ月前の初対面の印象がよほど良かったのか、両氏はウマが合ったのである。

さらに握手は進化していった。同日夕、安倍首相夫妻は大統領専用機エアフォースワンでトランプ夫妻と共にフロリダ州パームビーチの大統領別荘「マーラ・ア・ラーゴ」を訪れた。

翌日11日、両首脳はトランプ氏が同地に所有する2カ所のゴルフ場で1・5ラウンド回った。安倍氏が午前のラウンド8番ホール（パー4）でバーディーパットを決めるや、トランプ氏は「Shinzo, Excellent !」と言いながらハイファイブを求めて来たのだ。

これまで日米首脳会談は11回行われている。トランプ氏夫妻が国賓として来日した5月、迎賓館で行われた日米首脳会談の冒頭写真撮りでは②と④の組み合わせだった。

根っ子にあるのは好き嫌いであろう。それだからこそ心変わりもする。トランプ氏が大統領就任から2年9カ月が経った現在までに、シャグをした相手は安倍氏を除くとエマニュエル・マクロン仏大統領だけである。ところがマクロン氏とは、欧州連合（EU）圏に進出する米IT大手に対する「デジタル課税」問題で全面対決となり、今やツイッターで罵っているほどだ。

主要7カ国首脳会議（G7サミット）メンバーであるアンゲラ・メルケル独首相とは端から反りが合わなかったこともあって、今なお儀礼上の握手をするが互いに視線をそらす。カナダのジャスティン・トルドー首相とは、北米貿易協定（NAFTA）を巡る対立・破綻から、当初の④（シェイク&カバー）が①（ビジネス・シェイク）に変わってしまった。

このように、中国の習近平国家主席だけでなく世界各国首脳すべてがトランプ大統領に手を焼いているのである。それ故に、あの手この手を使って首相官邸や外務省に対して〝トランプ犬〟飼い馴らし方の伝授要請が殺到している。

確かに、安倍、トランプ両氏の蜜月ぶりは中曽根康弘首相とロナルド・レーガン大統領の「ロン・ヤス関係」や小泉純一郎首相とジョージ・W・ブッシュ大統領（子）の「ジュン・ジョージ関係」を遥かに上回るものがある。

だが、それは逆に安倍氏にとって「死角」にもなり得るのだ。トランプ氏が20年秋の大統領選で再選されなかったら、その反動は想像を絶するほど大きなものとなる。「トランプ再選」は、安倍長期政権にとって必要不可欠なのである。

1 「悪夢」が「正夢」になった日 （2016・5・10）

米不動産王ドナルド・トランプ氏（69）が、7月18～21日にオハイオ州クリーブランドで開催される共和党大会で大統領候補に指名される。

まさに「悪夢」が「正夢」となった感がする。

トランプ氏は15年6月、大統領予備選挙出馬を表明した。

当時、誰が「トランプ大統領」の可能性を予想したか。それは、英国サッカーの今季プレミアリーグでレスター初優勝を予想したことに等しい。

シーズン前のレスター優勝のオッズ（予想掛け率）は5000分の1。その伝で言えば、トランプ指名獲得のオッズは5万分の1であったはずだ。

「正夢」はさらに続く。では、万が一トランプ氏が、次期大統領が事実上決定する11月8日の一般投票・開票で民主党候補のヒラリー・クリントン元国務長官に勝利したら、いったいどうなるのか。

英紙フィナンシャル・タイムズ（5月2日）は、「中国は『トランプ大統領』を望んでいる」の見出しを掲げて、次のように報じた。

《トランプ氏の孤立主義と、同氏が頻繁に口にする『ディール』好きを、中国指導部はめったにないチャンス―第2次大戦以来張り巡らされた米国の安全保障協定の網の目を解きほぐすのだ―と見なしている。中国政府は、地域における支配的地位に向けた当然の野望を米国のこうした安保体制で封じ込めてきたと考えている。》

平たく言うと、トランプ＝米国は日本、韓国、フィリピンなど東アジア地域から部分的に撤退し、中国がその間隙を突いて朝鮮半島や南シナ海で〝好き放題〟やるということだ。

大統領就任式は来年1月20日である。極論すると、中国はその翌日、沖縄県尖閣諸島に武装兵士を上陸させる――。

だが、宜野湾市普天間米軍基地に駐屯する米海兵隊は動かない。アメリカ合衆国最高司令官である大統領のゴーサインがなければ日本支援の軍事作戦に踏み切れないのだ。

トランプ氏は先日、日米安保条約廃棄の可能性をちらつかせて日本が呑めるはずのない在日米軍経費の全額負担を求めた。

故に、そうした「悪夢」は現実味を帯びてくる。

それでも、ほのかな希望が見え始めた。トランプ陣営にホンモノの選挙参謀が参加したことだ。歴代共和党大統領のアドバイザーを務めたポール・マナフォート氏である。トランプ氏を「リバタリアン」（孤立主義者）から「リアリスト」（現実主義者）に変身させることが出来るかもしれない。

2 トランプ政権、際立つ長女夫妻の影響力

（2016・11・22）

2017年1月20日に発足するトランプ政権の主要人事が着々と進んでいる。

その中で、ドナルド・トランプ次期大統領の長女イバンカさんと、夫のジャレッド・クシュナー氏夫妻の影響力が際立っている。

その象徴が、大統領選挙真っ只中の7月15日に発表したトランプ共和党大統領候補のランニングメイト（副大統領候補）にインディアナ州知事のマイク・ペンス氏を指名したことである。

トランプ氏の意中の人は、ニュート・ギングリッチ元下院議長だった。

この人選を聞かされたイバンカ&ジャレッド夫妻は、全国遊説中の機内で2時間かけてペンス氏起用を説得、了承を得たという。

ギングリッチ氏は共和党保守派の大立物だが、現執行部のポール・ライアン下院議長に近く、行政経験が豊なペンス氏を強く推したのだ。

このトランプ・ファミリーの若き継承者2人は、実はワシントン政界のエスタブリッシュメントの現状に通じている。

2人の影響力は、ホワイトハウスの事実上のナンバー2である大統領首席補佐官人事でも発揮された。

ここでもトランプ氏は選対最高責任者であったスティーブン・バノン氏を起用する意向だったが、超保守系ネットメディア会長として過激な発言で知られる同氏に反対、共和党主流派のラインス・プリーバス全国委員長抜擢を進言、実現した。

事ほど左様に、イバンカ、ジャレッド両氏の発言力はトランプ政権の行く末を左右する。

トランプ氏は大統領選勝利後の11月11日、政権移行チームを刷新した。新議長にペンス次期副大統領を任命、新たに増員したチームにこの２人と、長男のジュニア氏、次男のエリック氏も加わった。

政権移行チームが、トランプ政権の各省庁長官はもとより次官補（局長級）クラスまで約４０００人の人選を行い、次期大統領に推薦するのだ。

要は、16人中４人がトランプ・ファミリーであり、決定権を握っているということである。トランプ氏は10日ホワイトハウスを訪れ、政権引継ぎなどについてオバマ大統領と会談した。その際に同行したのが他ならぬジャレッド・クシュナー氏であった。そして弱冠35歳のクシュナー氏はその間、別室で46歳のデニス・マクドノー大統領首席補佐官と実務協議をしていた。

どうやら、クシュナー大統領次席補佐官（総務担当）誕生は間違いないようだ。では、イバンカさんは？

3 日米貿易摩擦再燃……本当の仕掛け人は？

（2017・1・31）

やはり心配していた「日米貿易摩擦」が出来した。

ドナルド・トランプ米大統領に「正論」が通じないことは分かっていた。

だが、日本側の対応は、安倍晋三首相だけでなく、トヨタ自動車など経済界も「そこまでやるはずがない」と、高を括っていたに違いない。

トランプ大統領は1月23日午前、ホワイトハウスで朝食会を催した。招かれたのはジョン・サーマUSスチール会長ら米国企業経営者で、その席で日本との自動車貿易が不公平であると断じた。

その直後、環太平洋経済連携協定（TPP）から離脱する方針を明記した大統領令に署名。その模様がテレビのニュースで報じられた。

翌日24日は、ゼネラル・モーターズ（GM）、フォード・モーター、フィアット・クライスラー・オートモービルズの米自動車大手3社「ビッグスリー」のトップと会合した。

フォード社のマーク・フィールズ最高経営責任者（CEO）は前日の朝食会にも出席している。同氏はかつて資本参加・提携していたマツダの社長を務めたことがあり、日本の自動車市場を熟知している。

そのフィールズ＝フォード社が「日本車叩き」の影の仕掛け人ではないかとの見方を日本経済新聞（1月25日付朝刊）が紹介している。

筆者は同意見である。思い起すべきは、80年代後半から90年代初頭にかけての「ジャパン・バッシング」である。

レーガン政権下の85年、米国の対日貿易赤字が500億ドルに達したことを契機に、日米ハイテク摩擦（半導体）、東芝機械のココム（対共産圏輸出統制委員会）違反事件、米議会のスーパー301条（輸入関税大幅引き上げ）可決と続いた。

そしてその極めつけが、92年に米連邦議会前で日本製自動車を、まさにトランプ氏を支持した白人労働者がハンマーで叩き壊すシーンであった。

さらに日本の経常収支黒字削減と米国の貿易赤字削減のために、日米構造協議と日米包括経済協議が行われた。所謂「対日圧力」であった。

今、日本の自動車各社が直面する「対米自動車輸出数量制限」はその再現である。

本当の仕掛け人は、ロバート・ライトハイザー次期米通商代表部（ＵＳＴＲ）代表だ。

国際貿易・訴訟法専門の辣腕弁護士であり、対中強硬派の同氏は、実は件の「対日圧力」時のＵＳＴＲ次席代表だった。ＴＰＰ継続など夢物語である。

4　日米関係に漂う「ラディカルな不透明感」（2017・2・7）

2月11日午前（米国東部標準時間）、安倍晋三首相とドナルド・トランプ米大統領の「ゴルフ会談」が実現する。

前日に日米首脳会談がホワイトハウスで行われた後、両首脳は大統領専用機でフロリダ州パームビーチにある同大統領の別荘「マーラ・ア・ラーゴ」に向かう。この別荘（実際は一族が経営する超高級会員制クラブ）、トランプ・ナショナル・ゴルフクラブの敷地内にある。

パームビーチ訪問は、実は1月28日の日米首脳電話会談の際にトランプ大統領が安倍首相を誘ったことから実現したものだ。

トランプ大統領はパームビーチの2つの他にワシントン、ニューヨーク郊外、そしてアイルランドなどにもゴルフ場を所有し、シングル・プレイヤーを自任するほどのゴルフ好きである。ちなみに、筆者の手元にニューヨーク郊外のトランプ・インターナショナル・ゴルフクラブでビル・クリントン元大統領とゴルフに興じるトランプ氏の写真が掲載されている米紙ヘラルド・トリビューンがある。

そして安倍首相もまた、「大」がつくほどのゴルフ好きだ。「首相動静」を見れば分かるように、年末年始やGW期間中はゴルフ三昧に明け暮れる。

安倍氏は1ラウンドを90前後で回る。一方のトランプ氏が全米ゴルフ協会に届け出ているハンディキャップは3である。

70台後半でラウンドするトランプ氏に安倍氏はスコアの上でとても敵わないだろう。

それにしても、安倍首相は心待ちにしている「ゴルフ会談」の前にトランプ大統領が「指先介入」で日本に対して迫った諸難題に直面することになる。

曰く、日本の自動車貿易は不公平である。曰く、米国の貿易赤字の元凶は日本である。曰く、日本の金融緩和・為替政策が通貨安競争を招いた——。日本側が事実誤認である、認識不足であると反論しても、トランプ大統領は馬耳東風の構えだ。

中山俊宏慶応大学教授の言葉を借りると、今後の日米関係は「ラディカルな不透明感」が漂い、今や「トランプ砲」は春闘のベア交渉を左右するほどであり、日本経済の先行きに与える影響は測り知れない。

そのような中で、安倍首相は真っ向からトランプ大統領に対峙しなければならない。

それでも、歴代首相が米大統領の私邸（別荘）に招待されたのは佐藤栄作、小泉純一郎氏のわずか2人。安倍首相は選ばれし者なのだ。

5 「グリーン会談」で何を話したのか?（2017・2・14）

安倍晋三首相とドナルド・トランプ大統領のトップ会談は時間と場所を変えて3回行われた、異例中の異例のものだった。

第1回会談が2月10日の首都ワシントンのホワイトハウス、そしてフロリダ州パームビーチの大統領別荘「マーラ・ア・ラーゴ」で2、3回目が行われた。

それだけではない。ゴルフが外交ツールとして使われたのだ。安倍首相は敬愛して止まない祖父・岸信介元首相に倣ったのである。

岸氏は首相在任中の1957年6月、ホワイトハウスで行われたアイゼンハワー大統領（当時）との日米首脳会談後、大統領専用ヘリでメリーランド州ベセスダのバーニングツリー・カントリークラブに向かい、2人はゴルフを楽しんだ。

まさに「ゴルフ外交」である。安倍、トランプ両首脳は通訳のみ連れてカートで1・5ラウンドを回った。しかも別のゴルフ場で最後のハーフを回ったのだ。

実は、このグリーン会談こそが今回の安倍首相の最大目的であった。なぜならば、ノートテイカー（記録係）がいないため互いに本音で話し合うことができたからだ。

では、両首脳はいったい何を話し合ったのか。それを知るためのカギは、安倍首相出発の4

日前に2人の使者が先触れとしてワシントン入りしていたことだ。首相最側近の今井尚哉首相秘書官（政務）と、首相官邸の信任厚い秋葉剛男外務審議官（政務）の2人である。

5日に発った今井秘書官は首相離日直前の7日夕に帰国し、そして秋葉外務審議官はワシントンに残り、現地で首相一行と合流した。今井、秋葉両氏は安倍首相のパームビーチ訪問にも同行したことから、米側と事前の擦り合わせのための「使者」であったことが分かる。

日米首脳会談の肝は、ズバリ通商・貿易問題であった。

なぜ、そう言えるのか。ワシントンからパームビーチまで大統領専用機（エアフォース・ワン）に同乗した安倍氏夫妻や今井秘書官、佐々江賢一郎駐米大使を追って政府専用機で現地入りした随行団の各省幹部の面子から、それは見て取れる。

外務省は森健良北米局長、山野内勘二経済局長、北米第二課長等、経済産業省が片瀬裕文経済産業審議官、通商政策局米州課長等、財務省が浅川雅嗣財務官、武内良樹国際局長、同局為替課長など「経済」印官僚だった。

つまり、トランプ大統領の批判の矛先である対日貿易赤字、金融緩和政策、円安誘導政策が最重要課題であったのだ。

6　ホワイトハウスの権力闘争に決着？（2017・5・16）

ホワイトハウス（WH）に異変が起こりつつある。

ドナルド・トランプ米大統領周辺で激しい権力闘争が展開されていると米メディア各紙が報じているが、どうやらその決着がついたようだ。

その契機となったのは、大統領の長女イバンカさん（35）が3月20日付で大統領補佐官に就任したことだった。

そして公式発表されていないが、イバンカさんは4月中旬からWHのウエスト・ウィング（西棟）2階の最も大きい執務室——同1階にある大統領執務室（オーバル・オフィス）の真上を専有しているのだ。

その西隣に、ディナ・パウエル大統領次席補佐官（国家安全保障担当）の執務室がある。

イバンカさんが入った執務室は、それまでピーター・ナバロ大統領補佐官（通商担当）が使用していた。要は、ナバロ氏が体よく放り出されて、同じ2階北側奥の空き部屋に移ったのだ。

対中強硬派で知られるナバロ氏は政権発足当時、「影の大統領」と呼ばれ権勢を誇ったスティーブン・バノン大統領首席戦略官を筆頭にコンウェイ大統領顧問、パウエル氏の前任者のマクファーランド前大統領次席補佐官らと一大勢力を築いていたのだ。

ところが4月10〜11日の米中首脳会談以後、大統領の娘婿ジャレッド・クシュナー大統領上級顧問とイバンカ大統領補佐官夫妻、そしてマティス国防長官（退役海兵隊大将）とマクマスター大統領補佐官（国家安全保障担当＝陸軍中将）の連合軍との確執に敗れたのである。

この「トランプ・ファミリーとゼネラル（将軍）連合」の特色を一言でいうと、実務経験に根ざした現実派である。

だからこそ、習近平国家主席がトランプ大統領に求めた①「一つの中国政策」堅持、②北朝鮮の金正恩体制を軍事力で排除しない、を受け入れたことから、当面の「朝鮮半島有事」リスクが回避されたのだ。

現実路線に転じたトランプ外交は、5月21〜27日のサウジアラビアなど5カ国訪問で如何なく発揮されるだろう。同日、トランプ大統領はサルマン・サウジ国王と会談。

翌日は、イスラエルでネタニヤフ首相、パレスチナ自治区でアッバス自治政府議長と会談し、中東和平交渉仲介を目指す。

トランプ大統領には、マティス国防長官、ティラーソン国務長官の他にイバンカ＝パウエル・チームか、クシュナー氏のいずれかが同行する。ホワイトハウスのファミリー化である。

7 トランプ最側近解任の裏に2人の大富豪

（2017・8・29）

ドナルド・トランプ米大統領の最側近とされたスティーブン・バノン大統領上級顧問兼首席戦略官がホワイトハウスを去ったことは、軽視すべきではない。今後、トランプ政権の主要政策が大きく変わる可能性があるからだ。

「反グローバリズム」を標榜した孤立主義者、バノン氏の事実上の解任が発表されたのは8月18日だった。

その兆候は7月中旬頃からあった。そしてバノン氏解任の引き金を引いたのは、昨年の米大統領選期間中からトランプ氏を支援してきた2人の大富豪である。

一人は、運用総資産250億ドル（約2兆7500億円）の大手ヘッジファンド「ルネッサンス・テクノロジーズ」の共同経営者、R・マーサー氏。

実は、同氏がトランプ氏にバノン氏を紹介した張本人だ。バノン氏が退任したその日から会長に復帰した超保守系サイト「ブライトバート」の大口出資者である。

というよりも、米大統領選時のトランプ陣営の最大スポンサーであった。共和党支持の有力経済人の中でもゴリゴリの保守派で、スーパーリッチのコーク兄弟に次ぐ巨額献金者として知られる。

そのマーサー氏が混迷するトランプ政権の「元凶」とされたバノン氏に、政権の外から支援するよう説得していたのだ。

もう一人が、保守系ニューステレビ局FOXのオーナーであり、米、英、豪各国のメディア多数を支配する「メディア王」R・マードック氏である。

同氏は8月4日、ホワイトハウスで開かれた夕食会に招かれた。同席者は、J・ケリー大統領首席補佐官（退役海兵隊大将）と娘婿のJ・クシュナー上級顧問の2人。

その席でケリー氏が、ホワイトハウスの秩序を乱す実例を挙げて厳しくバノン氏を批判した。

だが、トランプ氏は擁護しなかったばかりか同氏への信頼を失ったと語ったのだ。

曰く、目立ちたがり屋である。曰く、情報漏洩（リーク）が多すぎる。

そしてマードック氏は、会食終了間際にトランプ氏に対しバノン氏解任を迫ったのである。

その前後に国家安全保障会議（NSC）のバノン氏直系の上級部長3人が更迭された。

こうしてトランプ政権の運営は、ケリー氏、H・マクマスター大統領補佐官（現役陸軍中将）、J・マティス国防長官（退役海兵隊大将）の3将軍の手に委ねられた。

トランプ大統領は今後、経済安保政策などで現実路線に大きく舵を切ることになる。

8　ＴＰＰでトランプ「変心」

（２０１８・２・６）

ドナルド・トランプ米大統領は1月26日午後（現地時間）、スイスのダボスで開かれた世界経済フォーラム（ダボス会議）年次総会で演説、環太平洋経済連携協定（ＴＰＰ）の復帰検討を表明した。

この衝撃的なニュースは全世界を駆け巡り、トランプ大統領の「変身」の理由を探るべく、各国の通商政策責任者は情報収集を余儀なくされた。

27日付各紙報道でも分かるように、「トランプ強硬派影潜め―失脚続々国際派に存在感」（産経新聞）、「変身か乱心か―産業界から見直し圧力」（日本経済新聞）、「『ＴＰＰ復帰』見えぬ真意―進まぬ通商政策に焦りか」（読売新聞）など、トランプ大統領の真意が測りかねるという点で一致した。

ただ、読売新聞は翌日の紙面で「バノン氏退場転機か―トランプ氏『現実路線』も考慮」と題し、「米国第一路線を主張してきたスティーブン・バノン元首席戦略官がホワイトハウスから去ったことが大きい」と指摘した。

筆者はその後のマスコミ報道をチェックしてみたが、納得できるものはなかった。

ところが、産経新聞（1月30日付朝刊）に掲載された古森義久ワシントン駐在客員特派員の記事「トランプ氏　ＴＰＰ政策逆転のワケ」で得心がいった。

《この疑問への現時点での最有力な答えはトランプ政権の国際通商・財務担当のデービッド・マルパス次官がトランプ演説直後に述べた説明である。》とした上で、中国ファクターについて言及。同氏は次のように続ける。《本来、対中抑止の意図があるＴＰＰを利用することが賢明だという判断が大きくなってきた、ということだろう。》

要は、トランプ大統領がＴＰＰの効用を再認識したということだ。

そして、同大統領の「変身」に大きな役割を果たしたのがマルパス財務次官ということになる。

レーガン政権の財務次官補代理、ブッシュ（父）政権の国務次官補代理を歴任後、ウォール街のエコノミストを経て16年大統領選時にトランプ陣営に参加、現在に至る。

まさに「国際派」なのだ。このマルパス氏以外でトランプ氏に助言したのが、ゲーリー・コーン国家経済会議委員長である。

米中貿易不均衡問題で対中強硬路線を採るホワイトハウス内のウォール街出身の現実路線者だ。役者がそろったのである。

だが、トランプ氏は一般教書演説でＴＰＰに言及しなかった。是非とも所管する外務省経済局と経済産業省通商政策局の最新分析を聞いてみたい。

9 紆余曲折のTPP交渉（2018・2・20）

3月8日、米国を除く環太平洋経済連携協定（TPP）の参加11カ国（TPP11）は、チリの首都サンティアゴで署名式を開催する。

1月23日に東京で開かれたTPP11の首席交渉官会合で協定内容が確定したが、そこに至るまでの交渉は紆余曲折を経た。

17年11月にベトナム・ダナンのTPP閣僚会議での大筋合意時に残された継続合意の4項目のなかで最も難航した、カナダが要求した「文化例外」（自国産コンテンツに対する優遇措置）が決着をみたのだ。

ケベック州などフランス語圏を持つカナダは、仏語の自国産コンテンツを重視、保護してきた。

住民が仏語のみ話す選挙区選出のシャンパーニュ国際貿易相が例外措置に強く拘ったことから、交渉は一時デッドロックに乗り上げた。

最後は、国際協調路線を採るジャスティン・トルドー首相とフリーランド外相が協定外約束を結ぶことで決断した。

トルドー氏は父・ピエール氏も首相を務めた政治家ファミリーで、自由党党首として臨んだ

15年10月総選挙で圧勝し、首相に選出された。

一方のフリーランド外相はウクライナ系カナダ人で、英国の名門オックスフォード大学卒業後、英紙フィナンシャル・タイムズ、英誌エコノミスト、加紙グローブ&メールなどを経て下院議員。まさにグローバル派だ。

それはともかく、TPP11は世界の国内総生産（GDP）の12・9%、貿易額の14・9%を占める超・自由貿易協定（FTA）である。

わが国にとっては、17年7月の日EU（欧州連合）首脳会談で大枠合意、12月の交渉妥結に至った日EU経済連携協定（EPA）に匹敵する通商戦略の肝である。

その意味で、TPP11署名合意に漕ぎ着けた茂木敏充経済財政・再生相の働きもさることながら、交渉実務責任者の梅本和義TPP等政府対策本部首席交渉官（77年外務省入省）はタフネゴシエーターとして特筆に値する。

同氏は外務官僚としては東京大学大学院理学系研究科修士課程（数学専門課程）修了という変わり種である。筆者も長い付き合いだが、その温厚な性格は省内外で知られるところだ。

TPP交渉を所管するのは、外務省経済局（山野内勘二局長・84年）と経済産業省通商政策局（田中繁広局長・旧通産省85年）である。

前者作成のファクトシート「米国離脱表明後のTPP」は秀逸であり、経済記者必読である。

10 トランプ政権誕生後の「米国分断」の縮図（2018・3・27）

手元に興味深いデータがある。

米国ケーブル・テレビの3月付視聴者数ランキングで、各テレビ局のゴールデン・タイムの数字が記述されている。

1位FOXニュース：229・1万人、2位MSNBC：185・3万人、3位ESPN：166・5万人、4位ホーム&ガーデン：146・4万人、5位ヒストリー・チャンネル：129・5万人。因みに、日本でお馴染みのCNNは104・1万人で11位である。

改めて言うまでもないが、FOXは「世界のメディア王」として知られるルパート・マードック氏傘下の保守系であり、MSNBCは全米3大ネットワークのNBCの子会社でリベラル系だ。

まさにドナルド・トランプ大統領誕生後の「米国分断」の縮図である。

ニュースサイトを含む各報道機関別に政治志向度をチェックしてみた。

「反トランプ」が明確なリベラル志向のメディアは、①ハフィントンポスト、②MSNBC、③CNN、④ニューヨーク・タイムズ（NYT）、⑤ワシントン・ポスト（WP）、といった順位である。

一方、「トランプ支持」の保守志向メディアは、①ブライトバート、②ドラッジ・レポート、③ワシントン・エグザミナー、④ニューヨーク・ポスト、⑤FOXニュースの順。

もちろん中道系のメディアもある。保守に近い順から言えば、①ロイター、②ウォールストリート・ジャーナル（WSJ）、③USAトゥデイ、④リアルクリア・ポリティクス、⑤ブルームバーグ、⑥ABC、⑦CBSとなる。

日本メディアの多くは、テレビのCNN、新聞のNYT、WP、WSJ、そして通信社のロイターを参照しているので、どうしても「反トランプ」傾向になるのは否めない。

トランプ大統領のように「フェイク（偽）・ニュース」とまで断じないが、こうした傾向があることを知っておく必要がある。

さて、トランプ政権である。ティラーソン国務長官に続いて、マクマスター大統領補佐官（国家安全保障担当）も解任された。トランプ氏は3月20日、電話で再選されたプーチン露大統領に祝意を表明したが、マクマスター氏が反対したことが逆鱗に触れたという。

後任に指名されたのは、イラク戦争を主導した超強硬派のボルトン元国務次官。FOXニュースのレギュラー・コメンテーターである。

いずれにしても、日本メディアのワシントン発報道は注意深く読む（観る）ということである。

11 トランプという強力な「バーゲニング・パワー」

（2018・4・24）

4月18日午前（米国東部標準時間）の安倍晋三首相とドナルド・トランプ大統領がゴルフに興じている映像を観た時、17年2月に聞いた話を思い出した。

大統領の別荘「マーラ・ア・ラーゴ」の執事が筆者の友人の米国人記者に語ったことだ。トランプ氏はゴルフをする際に白、赤のいずれかの帽子を被るが、赤の場合は概ね機嫌が悪い時である、と。

この日、トランプ氏は赤の帽子だった。前日の日米首脳会談は不調に終わったのかと、心配した。

だが、それは杞憂に終わった。同日夕の両首脳の共同記者会見でトランプ氏が語ったことからも理解できる。

通訳を交えた安倍・トランプ会談、日米双方5人の側近が出席した少人数会合、そして実務責任者も含めた拡大会合の3回の首脳会談のテーマは、北朝鮮問題と通商・貿易問題であった。

結論を先に言えば、北朝鮮問題はトランプ氏から「満額回答」を得たうえに、懸念された通商・貿易問題でも超厳しい対日注文は出なかった。

前者は、「拉致と核・ミサイルの包括交渉」を求める安倍氏の要請を完全に受け入れたのである。後者についても、TPP（環太平洋経済連携協定）復帰には不満があると述べたものの、日本とのFTA（自由貿易協定）交渉開始要求のゴリ押しはなかった。無難にかわしたと言えるだろう。

では、なぜ「日米、通商協議難航も」といった事前の懸念が現実のものとならなかったのか。それは、一にかかってトランプ氏の最近の自信から来ているのだ。

米国メディアの中で中道系政治専門サイトのリアル・クリア・ポリティクスの直近の世論調査によると、17年1月の政権発足後、トランプ大統領の支持率が最高の43％に達した。さらに保守系の世論調査会社ラスムッセンでは、初めて支持51％が不支持48％を上回った。

米国東部の首都ワシントンや大都市ニューヨークに住む高学歴者はリベラル系のCNNテレビを観て、ニューヨーク・タイムズやワシントン・ポストを読む。しかし、全米レベルでは保守系テレビ局のFOXニュースが圧倒し、3大ネットワークのABCやCBSが観られている。そのCNNが安倍首相の別荘到着から生中継で報じ、FOX、ABC、CBSも夜のニュースのトップ扱いだった。

安倍首相は5月初旬の日中韓首脳会談を控え、「トランプ」という強力なバーゲニング・パワー（国際交渉における対抗力）を掌中に収めたことになる。

12 トランプは「票とカネ」、利の人

（2018・5・15）

ドナルド・トランプ米大統領は、実に理解しやすい人物である。

筆者の手元に一枚のリストがある。

少し前のことだが、トランプ大統領は4月26日、国賓として迎えたフランスのエマニュエル・マクロン大統領歓迎の公式晩餐会を主催した。

以下は、ホワイトハウスのイースト・ルームで開かれた晩餐会招待客95人のリストである。

主賓はトランプ米大統領、メラニア同夫人、マクロン仏大統領、ブリジット同夫人、ジョン・ロバーツ米最高裁判事夫妻、マイク・ペンス米副大統領夫妻の8人。

政治家は、ライアン下院議長夫妻、ケイシー上院議員夫妻、マッカーシー下院院内総務夫妻、レページ・メイン州知事夫妻ら14人。

トランプ政権から、ケリー大統領首席補佐官夫妻、ボルトン大統領補佐官（国家安全保障担当）夫妻、クドロー国家経済会議委員長夫妻、ポンペオ中央情報局（CIA）長官（当時）夫妻、クシュナー大統領上級顧問＝イバンカ大統領補佐官夫妻、サンダース大統領報道官夫妻、サリバン国務長官代行（当時）、マクコート駐仏大使など。

マクロン政権からはパルリ国防相、ルメール経済・財務相、ベルベ司法相、カオン上院議員、

プーガ将軍（安全保障政策顧問）など13人。

興味深いのは、米側の実業家と著名人の出席者である。特にビジネスエグゼクティブが際立っている。

大手投資ファンドのブラックストーン・グループ最高経営責任者（CEO）のシュワルツマン、同カーライル・グループ共同会長のルーベンスタイン、金融最大手のゴールドマン・サックス上級副社長のロジャーズ、超有名な投資顧問会社KKR創設者のクラビス氏など金融業界トップだ。

さらに防衛産業ロッキード・マーティンCEOのヒューソン、FOXグループ総帥のマードック、共和党多額献金事業家のハミルトン氏、そしてシリコンバレーから唯一のクック・アップルCEOなどだ。

米大統領選で「アンチ・ウォール街」を訴えたトランプ氏の人選とは思えない。

そしてIT業界から総スカンを食らったが、クック氏だけは一貫してトランプ支持だった。保守系メディアを支配するマードック氏が招待されたのは当然である。

得心がいったのは、94歳のキッシンジャー元国務長官とローダー世界ユダヤ人会議議長だった。イスラエル傾斜がよく分かる。トランプ氏は「票とカネ」、利の人である。

13 トランプ大統領「強気姿勢」の理由（2018・8・21）

ドナルド・トランプ米大統領の「強気姿勢」に拍車がかかっている――。

米中貿易摩擦の中で、対中強硬策はさらにエスカレート、北米自由貿易協定（ＮＡＦＴＡ）の再交渉では対カナダ批判が止まることはない。

もちろん、先の日米貿易協議（ＦＦＲ）でも、ライトハイザー米通商代表部（ＵＳＴＲ）代表は茂木敏充経済再生相との会談で、対日強硬姿勢を崩さなかった。

トランプ政権が検討している輸入車への関税上乗せ措置をちらつかせながら、日本との自由貿易協定（ＦＴＡ）交渉入りを求めるなどトランプ流のディールを迫った。

一方の茂木氏は、米国を除く11カ国での環太平洋経済連携協定（ＴＰＰ）の年内発効を念頭に、日本が米国産牛肉の最大輸入国であることを交渉カードにしてライトハイザー氏を牽制、第一回ＦＦＲは不首尾に終わった。

それはともかく、トランプ氏の強気姿勢の根拠となっているのが、8月7日に行われたオハイオ州下院12区の補欠選挙で共和党候補が勝利したからだ。

トランプ氏はツイッターで勝利を言い募ったが、実は、獲得投票率は共和党候補50・1％、民主党候補49・3％の僅差であり、辛勝である。

保守系FOXニュースは「オハイオ州中部の有権者は（全国に）メッセージを送った。トランプ大統領の政策は米国を正しい方向に導いており、（有権者は）引き返さないということだ」と大々的に報じた。

ちなみに、映画「ショーシャンクの空に」（1994年公開）の舞台となったのが同選挙区のマンスフィールドである。

では、「米国を正しい方向に導いている」トランプ氏＝共和党が11月の中間選挙で勝利する可能性があるのか。

ここで同州下院補選の結果を検証する。オハイオ州下院12区は、1939年選挙から01年までの62年間で民主党が勝利したのは81～82年のわずか2年間だけという共和党の牙城。この金城湯池で共和党は民主党に肉薄されたのだ。

全国的に見ると都市部は民主党、郊外が共和党という構図である。同選挙区も同じ。ところが共和党が大苦戦を強いられたのは郊外の女性票（母親票）の多くが民主党に流れたからだ。

全国レベルでは、現時点で上下院の女性候補者は186人で過去最多。民主党が143人、共和党はわずか43人である。

共和党の下院多数派維持が語られているが、実は厳しいのだ。故にトランプ氏は強硬策を採らざるを得ないのである。

14 試練の日米首脳会談（2018・9・11）

安倍晋三首相は9月23日午前、国連総会出席のため政府専用機で羽田空港からニューヨークに向けて発つ。

そして日米首脳会談前日の24日、ニュージャージー州にあるトランプ・ナショナル・ゴルフクラブ（ベッドミンスター）で一緒にラウンドする。同ゴルフ場は、全米女子オープンが開催される名門コースである。

17年11月のドナルド・トランプ大統領のアジア歴訪初日、東京都下の横田米空軍基地に降り立った同大統領は専用へリコプター・マリーンワンで埼玉県川越市の霞ヶ関カンツリー倶楽部に向かった。

安倍首相が東コース8番ホールで素晴らしいティーショットを打ち、トランプ大統領は自らの拳を突き出して安倍首相の拳にタッチした。日本では「グータッチ」と言うが、米国では「fist bump」と呼ぶ。アスリートや若者によく見られる挨拶である。両首脳が互いに「シンゾー」「ドナルド」とファーストネームで呼び合う親しい間柄の象徴とされてきた。

では、肝心の安倍・トランプ会談でもその親しさが継続するのだろうか。

筆者の関心事は、その一点に尽きる。なぜか。日本の経済界が今、固唾を呑んで注視しているのは、トランプ氏が対米輸出自動車に追加関税25％を課すのかどうかである。

仮に25％関税が発動されれば、メルセデス・ベンツなど１００％完成車を輸出しているドイツはもとより対米輸出依存度が高い日本も壊滅的なダメージを受ける。自動車業界は何とか阻止して欲しいというのが本音だ。だからこそ、安倍・トランプ会談に多大な期待をしている。

日米首脳会談に先立つ21、22両日、ワシントンで第２回日米貿易協議（ＦＦＲ）が開かれる。茂木敏充経済再生相は６月初旬に続いてロバート・ライトハイザー米通商代表部（ＵＳＴＲ）代表とタフな交渉を行う。

超ワンマンのトランプ氏に逆らえないライトハイザー氏は、改めて自動車関税を持ち出すだけでなく、日米２国間貿易協定（ＦＴＡ）を求めるなかで円安規制の「為替条項」にも言及するのではないかと指摘されている。日本にとって悪夢と言っていい「ワースト・シナリオ」である。

そうした中で、米紙ウォール・ストリート・ジャーナルは、トランプ氏が日本との貿易交渉が不首尾に終わり、安倍氏との友情関係にピリオドを打つと述べたと報じた。

すべては安倍首相のトランプ大統領説得に懸かっているのだ。

15 トランプの影響と防衛費GDP1％超（2018・12・4）

安倍晋三政権は12月14日、新しい防衛計画の大綱（防衛大綱）を閣議決定する。日本を取り巻く東アジア情勢の激変に基づくもので、5年ぶりである。これに伴い防衛装備品などの導入計画「中期防衛力整備計画」（中期防）も大きく見直される。

それだけではない。これまで日本政府が防衛費を国内総生産（GDP）比で1％以内に収めてきた「原則」をも変更する。

防衛費とは、防衛装備品の取得費や自衛隊の人件費など防衛省が所管する予算のことである。これにも、実はドナルド・トランプ米大統領の存在が影響している。

同大統領はこの間、ドイツ、フランス、英国など北大西洋条約機構（NATO）の主要加盟国に対し、繰り返し防衛費の増額を求めてきた。

ちみに2017年度の米国の防衛費6100億ドル（約50兆8500億円）はGDP比3・1％に対し、フランス578億ドルは2・3％、英国472億ドルは1・8％、ドイツ443億ドルは1・2％。

日本は5兆1911億円の0・92％（18年度）であり、トランプ大統領が求める「応分の負担」の対象国になっている。

つまり、防衛省所管以外の旧軍人遺族らの恩給費や国連平和維持活動（ＰＫＯ）分担金などを合算してＮＡＴＯ基準にするということである。これでＧＤＰ比１％超となり安倍首相はトランプ大統領に顔が立つ。

これだけではない。防衛大綱の閣議決定を経て19〜23年度の中期防に超高額な防衛装備品の取得方針を盛り込む。

その目玉が、米ロッキード・マーチン社の最新鋭ステルス戦闘機「Ｆ35」の購入だ。それも半端ない数である。これまでに導入が決まった42機に加えて、１機１００億円超を１００機追加購入するというのだ。総額１兆５０００億円に達する。

これもまたトランプ政権が強く求める対日貿易赤字解消を念頭に置いたものだ。

新防衛大綱と次期中期防はトランプ大統領のために策定するのではと勘繰りたくなる。それはともかく、筆者が注目する防衛装備品が２つある。

１つは最新の早期警戒機「Ｅ２Ｄ」（ノースロップ・グラマン社）の９機導入。中国が配備した最新ステルス戦闘機「Ｊ20」を意識したものだ。

２つ目は、産経新聞が報じた「中国空母２０２０年末にも進水――国産２隻目、電磁式射出機を導入」に関係する。海上自衛隊のヘリ搭載型護衛艦「いずも」の空母化を新防衛大綱に明記することである。この２つは国民の理解が得られるはずだ。

16 米ＧＤＰ成長率下方修正の背景に「国境の壁」（2019・1・29）

米国の２０１９年の国民総生産（ＧＤＰ）成長率について、米金融機関や著名エコノミストが相次いで見通しを下方修正している。

①金融大手ＪＰモルガンは19年１―３月期の成長見率通しを２・25％から２・０％へ下方修正。

②金融大手バンク・オブ・アメリカは19年同期成長率を２・８％から２・２％へ下方修正。

③金融調査大手エバコアＩＳＩ（エコノミストのエド・ハイマン氏が主宰）は18年12月末に19年成長率を２・５％から２・０％に引き下げたばかりだったが、さらに１・75％に下方修正した。

こうしたＧＤＰ成長率の下方修正の背景には、ドナルド・トランプ大統領が推進する「国境の壁」建設費予算を巡り議会下院多数派の民主党と鋭く対立した結果、政府予算の失効を受けて一部政府機関の閉鎖が長期化したことが大きい。

事実、ジェローム・パウエル米連邦準備理事会（ＦＲＢ）議長は１月中旬、トランプ大統領の強い批判を受けてか、講演の中で「我々は長期に及ぶ政府機関閉鎖は経験しておらず、（そうなれば影響は）経済指標に明確に現れる」と語っていた。

こうした中で、議会上院は24日、「国境の壁」建設費57億ドルを含む共和党予算案、２月８日までのつなぎ予算で国境の壁建設協議を先送りする民主党予算案をそれぞれ採決したが、両党案共に可決に必要な60票に届かず否決された。

そこで老獪なナンシー・ペロシ下院議長（民主党）は、壁建設ではなく不法移民の監視機器導入費に充当するのであれば共和党案を呑むと妥協案を示した。

共和党内にも火種がある。ジェームズ・マティス国防長官更迭の理由となったシリアからの米軍撤退に反対する党内中道派が政府機関閉鎖の長期化にも強く反発し、同党結束の岩盤に亀裂が生じたことに危機感を抱いた執行部が大統領に妥協を促したのだ。

すなわち、ホワイトハウスに対し、幼少期に不法入国した若者（ドリーマー）の強制送還を猶予する制度（DACA）を3年間延長することを求め、呑ませたのである。

一方で、メキシコ国境の壁建設を巡りホワイトハウス中枢で意見の対立があったことが明るみに出た。「ドリーマー」の味方である大統領の娘婿、クシュナー大統領上級顧問と、強硬な移民反対論者であるミラー大統領補佐官（政治担当）の攻防だ。

いずれにしても、トランプ氏は週明けの28日、非常事態宣言を行って政府機関閉鎖の解除という「奇策」に打ち出すのではないか。全てがトランプ氏次第ということだ。

17 トランプ大統領の支持率上昇（2019・2・19）

何事にも「ハチャメチャ」というイメージが付きまとうドナルド・トランプ米大統領だが、なんと支持率は上昇している。

米政治専門サイト「リアル・クリア・ポリティクス」の最新調査（米国東部標準時間2月13日）によると、大統領支持率が政府機関閉鎖中に底値だった40・9％から43・6％に急上昇した。

明らかに同5日の大統領一般教書演説が好感されたのだ。

その中でトランプ大統領は自ら示した超党派協力・融和路線に対し、ナンシー・ペロシ下院議長（民主党）が反発したことを「米国は社会主義と呼ぶべき風潮に晒されている」と警鐘を鳴らした。

政府機関閉鎖問題についての民主党の頑な姿勢を衝いたのである。トランプ政権に批判的なCNNテレビまでが大統領の政府機関閉鎖解除の決定を評価したほどだった。

さらに米三大ネットワークのCBSが実施した世論調査では、何と76％が演説を評価すると回答し、なかでも民主党員の3割以上が評価すると答えている。

演説の原文には「New calls to adopt socialism」とある。このフレーズは、18年の中間選挙で史上最年少下院議員として彗星のごとく登場した29歳のアレキサンドリア・オカシオ＝コルテス女史（民主党・ニューヨーク第14区選挙区）の存在と無縁ではない。

問題は、今やオカシオ＝コルテス氏ら「プログレッシブ」（進歩派）が民主党内で〝台風の目〟になりつつあることである。

こうした動きに引きずられたのか、２０２０年大統領選に民主党のエリザベス・ウォーレン上院議員（マサチューセッツ州選出）、コリー・ブッカー上院議員（ニュージャージー州選出）が相次いで立候補表明した。

ウォーレン氏は、５０００万ドル以上の資産を有する富裕層に２％、10億ドル以上の資産を保有する富裕層に３％の「富裕税」を課すことを提案している。

一方のブッカー氏は、選挙公約に「ベーシック・インカム」（最低限所得補償）を掲げた。

つまり、オカシオ＝コルテス女史の進歩的政策に影響を受けているのだ。具体的に言えば、世界的気候変動への抜本的な対応策や社会的不平等是正策として、彼女が掲げた「グリーン・ニューディール」である。大量の燃料消費の自動車や航空機の使用ゼロ、全ての化石燃料を10年以内に再生エネルギーに置き換えるというのだ。

民主党左派の寵児となった「米国版小泉進次郎」のコルテス氏から目が離せない。ちなみに彼女もまた熱烈ツイッター主義者である。

18　日米首脳会談を支えるスーパー通訳

（2019・5・14）

菅義偉官房長官は5月12日夕、２泊４日の訪米を終えて帰国した。ペンス副大統領、ポンペオ国務長官、シャナハン国防長官代行（当時）の三役揃い踏みと会談するなど、「外交デビュー」は大成功だった。

筆者が今回の菅氏訪米で関心を抱いたのは、菅氏に同行した外務省の英語通訳、高尾直国際法局条約課首席事務官（２００３年入省）である。

高尾氏は語学の専門職ではない。東大法学部卒業のキャリア官僚。エピソードにも事欠かない。帰国子女の同氏は中学３年生の時に帰国して、わずか２カ月の受験勉強で名門の開成高校に入学。入省後、ハーバード大学大学院ケネディ・スクールで修士号を取得するなど申し分ないキャリアの上にピアノはプロ級。

その高尾氏の名前が霞が関に鳴り轟いたのは、安倍晋三首相とトランプ大統領のトップ会談の通訳を務めたことだ。安倍首相はこれまで5月６日夜の電話会談を含めて30回、トランプ大統領と会談を重ねている。その全てが高尾氏である。

通訳がいかに際立っているかを示す具体例を紹介する。

４月26日の安倍・トランプ会談はホワイトハウスの大統領執務室で行われた。恒例の頭撮りは記者団に公開される。

トランプ氏は冒頭、25日からの日本公式訪問を念頭に次のように語った。

「(天皇即位後に) 初めて招待された時は、タイミング的に私は難しいと申し上げました……この行事って日本人にとってどれほど大事なんですかと安倍総理に聞いたら、アメリカ人にとってのスーパーボウルより１００倍も大事だということを伝えて下さいました。そして私は間違いなく行きますよと断念しました」

米側通訳の日本語訳だ。言葉遣いが乱暴というよりも誤訳まである。「断言」と言うべきところを「断念」と訳したのだ。

一方、安倍氏は「日本にとっては陛下がご即位されるというのは大変な、歴史的な出来事でございます。陛下がご退位されて新天皇が即位されるのは２００年ぶりのことになります。初のお客様がトランプ夫妻になるわけですが、今から楽しみにしています」と応じた。

高尾氏は最後のフレーズを「and also under the new Emperor, President Trump and Madam First Lady will be the very first state guest」と英訳した。

トランプ夫妻と述べたのを「マダム・ファーストレディ」と王室風に敬語で表現したのだ。

高尾氏は首相発言の行間を読み込み、知性を感じさせる英語表現にする「スーパー通訳」である。

19 トランプ夫妻から両陛下への贈り物が意味すること（2019・6・4）

ドナルド・トランプ米大統領とメラニア同夫人の日本公式訪問に関する新聞報道で気になったことを書く。

天皇、皇后両陛下は5月27日午前、皇居・宮殿の竹の間でトランプ大統領夫妻と会見された。天皇が国賓と会見した際には贈り物が交わされることになっている。両陛下からトランプ氏、メラニア夫人への贈り物、そして夫妻から天皇陛下、皇后さまへの贈り物については、宮内庁発表であったにしても朝日新聞が一番詳しく伝えていた。

それにしても、筆者は若干の不満を覚えた。

同紙は27日夕刊で「天皇陛下に米国で80年以上前に作られたビンテージのビオラ、皇后さまには出身大学のハーバード大学構内の木で作られたペンなど卓上の文房具が贈られた」と紹介している。

だが、筆者の手元にあるホワイトハウス発表文（英文）を読むと、そのビオラと文房具の持つ意味がよく理解できる。直訳する。「1938年製のビンテージビオラ。特製ケース入り。米国人作曲家、アーロン・コープランドのサイン入りの写真と大統領のサイン入り額縁写真」と「ホワイトハウス・デスクセット（ハーバードツリー製の万年筆）。皇后さまがハーバード大学で経済を勉強されたことに因んで大学構内にある栖の木で作った万年筆。メラニア夫人のサイン入り額縁写真」である。

天皇陛下がビオラを弾かれることは知られている。

20世紀初頭、アパラチア山脈に囲まれて豊富な石炭と鉄道敷設によってウェストバージニア州チャールストンは、化学・ガラス・木材産業の中心地として栄えた。同地出身のビオラ職人、アイバン・アリソンの作である。陛下は、有名な「アパラチアの春」の作曲家、コープランドにも関係がある。学習院OB管弦楽団の演奏会で同氏の作品を演奏しているのだ。

寡聞にしてトランプ氏がクラシック音楽を嗜むとは聞いていないが、国務省に蘊蓄に長けたスタッフがいたに違いない。

実は、その国務省からの大統領随行員は一人もいなかった（ウィリアム・ハガティ駐日大使が国務省を代表した）。

この事実だけからも、今回の大統領訪問に懸念される外交案件がなかったことが分かる。端から親善と貿易がテーマだった。

貿易交渉での「密約」が取り沙汰されたが、自動車の対米輸出の「数量制限」を求めないとの約束は、今回でなく4月の首脳会談で交わされたという。

トランプ氏が上機嫌で帰国したことが最大の成果である。

20 握手から読み解くG20各国首脳とトランプの関係

（2019・7・9）

報道されていない20カ国・地域（G20）首脳会議に関するエピソードを紹介する。安倍晋三首相は6月28日午前、ドナルド・トランプ米大統領と会談した。

首脳会談が始まる前の恒例の写真撮影の時だった。両首脳は日米両国の国旗を前に立ち、にこやかに握手した。トランプ氏は握手しながら左手を安倍氏の左肩に乗せて抱き寄せた後、軽く肩をたたくシーンがあった。

それは、トランプ氏が自身のツイッターに投稿したG20ハイライト動画で確認できる。日本ではこうした光景は「上から目線」の印象を与えるかもしれない。

だが、米国では全く違う受け止め方となる。父が息子に見せる典型的な愛情表現の仕草である。息子の卒業式や誕生日の記念写真でよく見られる。

ここから転じて、信頼、友情、愛情などの気持ちを表現するものとなっている。上下関係や上目遣い的な意味合いはなく、純粋に「家族愛」、あるいは「男同士の親近感」を表すものである。

トランプ氏がツイートしたということは、北朝鮮の金正恩委員長を含めて世界各国の指導者が観ていることを意味する。

何をしでかすか想像すらできないトランプ氏のハートをわしづかみにしている安倍首相を、彼らが羨んでいるのは事実だ。

そこで、トランプ氏のG20での他国首脳との握手をチェックしてみた。

まずアンゲラ・メルケル独首相だが、同氏の拒絶感が際立っていた。右手をトランプ氏に差し伸べているが、体全体が完全に引いていた。両首脳は互いに甲を前に向けた左手を引っ込めている。関係修復はあり得ない。

次はウラジーミル・プーチン露大統領。トランプ氏は握手の際にプーチン氏を力ずくで自分に引っ張り込んだ。シンガポールで金氏に見せたように初端から優位性を確立する行為である。だが、さすがにマッチョで知られるプーチン氏は、不意打ちを食らったものの、強く抵抗して手を引き戻したのだ。その後は両首脳も友好ムードに終始した。

最後は中国の習近平国家主席。習氏は握手の際、トランプ氏の方をほとんど向かず、表情が硬い。トランプ氏が習氏の右肩に手を添えても前を向いたまま。話しかけられても目を見ず、頷くだけだった。

トップ外交慣れしている習氏が緊張していたとは考えられない。となると、国内批判を意識して一定の距離を置いたことになる。米中貿易戦争の終結にはほど遠いことが分かる。

第3章 米中衝突の現実

筆者の手元に「米中対立と日本企業へのリスク　平成31年5月」と題されたA４判44枚の小冊子がある。経済産業省が作成した非公開資料だ。

文字通り経済産業政策を担う同省が、激化の一途を辿る米中貿易戦争が日本企業に与える多大な影響について、トランプ米政権の対中強硬策の法的根拠となる国内法から政策を担う米政府各省庁・機関の詳細な説明までを記述した労作である。

その冒頭にあるのが、２０１８年８月13日に成立した、米国で国防総省（ペンタゴン）に対して予算権限を与える２０１９年度国防授権法（ＮＤＡＡ）に関する説明である。過去9年間で最大規模の総額７１６０億ドル（約7兆９０００億円）の予算が付けられた同法には広範な機微技術（critical technologies）管理の強化策、サイバーセキュリティ強化策が盛り込まれた。

このＮＤＡＡに記されたキーワードの中で最も重要なのは投資管理強化を求める「外国投資

リスク審査近代化法」（ＦＩＲＲＭＡ）である。同日に成立・20年2月施行のＦＩＲＲＭＡ法の特色は幾つかあるが、その中でも注目すべきは①審査対象の拡大、②特定取引事前審査の義務化、③審査の考慮要素の追加、④同盟国との情報交換の可能化――の4点だ。

①の条文に「非公開技術情報へのアクセスを可能とする投資と、機微技術、重要インフラ、機微個人情報に係る意思決定を可能とする投資等は新たに審査の対象とする」と記述されているように、ここにも「機微技術」（「重要技術」と表記することもある）という言葉がある。

この法律を所管する商務省が定義する「機微技術」とはいったい何を指すのか。防衛産業の生産基盤となる半導体など「基盤技術」（foundational technology）を製品化した「新興技術」（emerging technology）14分野が特定されているのだ。バイオテクノロジー、ＡＩ（人工知能）学習、測位技術、マイクロプロセッサー、先進コンピューティング、データ分析、量子情報・量子センシング、極超音速などである。

改めて指摘するまでもなく、トランプ政権の念頭にあったのは米中間の「ハイテク覇権」抗争に勝利するための法的整備であったのだ。そしてそれは、米国向け直接投資を審査する既存の機関・対米外国投資委員会（ＣＦＩＵＳ　議長の財務長官以下、国務長官、国防長官、国土安全保障長官、商務長官、司法長官、エネルギー長官、米通商代表部・ＵＳＴＲ代表などで構成）の権限を大幅強化するためのＦＩＲＲＭＡ法の成立であった。

さらに喚起すべきことは、②の条文「外国政府の影響下にある投資家による、重要インフラ・機微技術を持つ米国企業の経営に影響を与える投資の事前審査を義務化する」の「……の投資家」を事実上、中国企業と名指ししていることである。深読みしなくても、トランプ政権が法律制定当時から中国通信機器最大手の華為技術（ファーウェイ）排除を決定していたことが分かる。

すなわち、現下の熾烈な米中せめぎ合いは、通商・貿易戦争からハイテク・宇宙覇権を巡る抗争に突き進むことが不可避であることを示しているのだ。

一方の中国が何を目指しているのかは、習近平国家主席（共産党総書記）が２０１５年５月に打ち出した国家戦略「中国製造（Made in China）２０２５」から理解できる。

特異な知見と経験を有する中国専門家の遠藤誉氏は、「２０２５年までにハイテク製品のキーパーツ（コアとなる構成部品、主として半導体）の70％をメイド・イン・チャイナにして自給自足すると宣言した。同時に有人飛行や月面探査プロジェクトを推進し、完成に近づけることも盛り込んでいる」と解説している。

事実、中国は22年までに既存の国際共有宇宙ステーションの次世代型の独自宇宙ステーション「天宮3号」を、28年頃に火星探査機を打ち上げて土壌サンプルを収集して地球に帰還させる計画を明らかにしている。

それだけではない。18年8月に開催された北戴河会議（共産党幹部や引退した長老が集まる会議）で、習氏主導の米中貿易交渉の対米譲歩路線が批判の集中砲火を浴びたとされる。習独裁体制は必ずしも盤石ではないというのだ。

マイク・ペンス副大統領は3月26日、自らが議長を務める国家宇宙評議会で米国は24年までに宇宙飛行士を月面に降り立たせると宣言した。唐突感は否めなかったが、中国統治体制そのものを否定した昨年10月4日にハドソン研究所で行った「ペンス講演」からすれば、当然の帰結だったのかもしれない。

いずれにしても、米中関係はもはや後戻りできないコリジョンコース（最終衝突局面）に向かっていることだけは間違いない。

1　米国の「ツキジデスの罠」（2017・7・25）

先月21日のことである。米ホワイトハウスに一人の客が招かれた。ホストはヒューバート・マクマスター大統領補佐官（国家安全保障担当）、ゲストがハーバード大学のグレアム・アリソン教授（77）。

アリソン教授は同大学ケネディ行政大学院の初代院長であり、クリントン民主党政権（第一期）の国防次官補を務めた。同次官補時代に対ロシア政策を担当、専攻は国際政治論と核戦略論。

なぜ、この時期にアリソン教授を招いたのか。国家安全保障会議（ＮＳＣ）幹部向けのレクチャーを依頼したのだ。

ギリシャの歴史に精通している同教授の近著に『運命づけられた戦争』がある。同書でアリソン教授が命名した「ツキジデスの罠」という言葉が使われている。ツキジデスは古代アテネの歴史家であり、代表作はペロポネソス戦争を実証的な立場から著した『戦史』。

そして「ツキジデスの罠」とは、戦争が不可避的な状態まで支配勢力と新興勢力がぶつかり合う現象をいう。紀元前5世紀のアテネの台頭と、それに対するスパルタの恐怖が、回避できなかったペロポネソス戦争を引き起こしたことに由来する。

では、ドナルド・トランプ大統領が信を置くマクマスター補佐官はアリソン教授のレクを通じてNSC幹部に何を伝えたかったのか。「ツキジデスの罠」の分析が現在の米中関係の正しい認識に繋がり、将来の米中衝突の回避策を求めるためだった。

米国の歴代政権はこうした実証的なアプローチを好む。一例を挙げる。ブッシュ（子）政権時の国防総省は傘下の国防大学院（NDU）に省外の専門家を招き、「ウォー・ゲーム」を頻繁にやっていた。参加した安保ジャーナリストの友人から「ウォー・ゲーム」のリアリティある中身を聞かされて驚いたことがあった。

それはともかく、トランプ政権の外交・安保政策を担うNSCは今、米中衝突という「コリジョンコース」（最終衝突局面）も想定していることが理解できる。

と同時に、そうしたシミュレーションは米中だけではなく、実は米朝についても行っているということなのだ。

事実、朝日新聞（14日付朝刊）は、ハリー・ハリス太平洋軍司令官（海軍大将）のインタビューを掲載、大統領の命令があれば北朝鮮への軍事攻撃が可能な態勢にあるとの発言を引き出している。

米国にとって「ツキジデスの罠」は対中、それとも対北朝鮮なのか。

2 ハイテク産業めぐる米中戦争（2018・7・10）

「米中貿易戦争」という言葉が新聞や雑誌に定着してしまった。

今や中国の習近平国家主席率いる指導部には対米譲歩の選択肢がないかに見える。17年10月の中国共産党第19回全国代表大会で党規約改正案が決議された。そこには、「党・政・軍・民・学の各方面、東・西・南・北・中の全国各地について党はすべての活動を指導する」と記されている。

この決議によって、中国に進出する外資系企業、特に国有企業との合弁企業において、合弁相手から合弁会社内の共産党組織に関する条項を加える形での定款変更を求められるケースが増加している。

要は、共産党の企業経営への関与、つまり国家資本主義の強化ということである。こうした「党指導」に嫌気して中国市場からの撤退を決めたドイツ企業が出始めたほどだ。だが、多くの欧米企業は政策リスクへの懸念を積極的に表明しつつも、「リスクでもあるがチャンスでもある」との見方を変えていない。

米国のＩＴ（情報技術）大手企業を例に引いてみよう。

米グーグルは17年12月に首都北京にＡＩ（人工知能）拠点を設立、今年1月には中国のＩＴ

プラットフォーマー大手テンセント（騰訊）と特許ライセンス契約を締結。米フェイスブックも1月に中国のスマートフォン企業 Xiaomi との提携、中国市場へ再参入した。

米アップルは17年10月に貴州省にデータセンターを設置、運営は提携先の地方政府出資企業が担っている。

こうした中で、ドナルド・トランプ大統領は6月27日、中国の知的財産権侵害を巡り「米国の国家安全保障と先端技術の主導権を守るために、商務省に輸出制限の検討を指示した」と発表した。

「対中ハイテク輸出規制」である。その対象は半導体製造装置などだが、習主席肝いりのハイテク産業育成政策の「中国製造２０２５」に対する危機感の表れである。

一方の中国も負けじと対抗策を相次いで繰り出してきている。

トランプ政権の対中制裁に対する報復措置として、総額５００億ドル（約5兆５０００億円）規模の米国製品や農産品に25％の追加関税を7月6日から段階的に発動したのだ。

こうした中国の通商政策の司令塔は共産党であり、国家サイバー・デジタル戦略の基本方針を決める党中央網絡安全和信息化委員会の主任が習近平総書記その人である。

3 米中のデジタル覇権争い（2018・10・2）

今、この原稿をワシントンDCで書いている。11月6日の中間選挙を前にした首都ワシントンの雰囲気を肌身で感じたいと思い、やって来た。

5日間の滞在中に多くの人たちと会う。杉山晋輔駐米大使を始め、米国家安全保障会議（NSC）幹部、現・元国務省高官、ウォール・ストリート・ジャーナル（WSJ）紙ワシントン支局長など米メディア関係者。ドナルド・トランプ大統領は先週、ニューヨークで精力的な首脳外交と、国連総会一般討論演説をこなし意気軒昂である。

一つだけ指摘すべきは、9月26日午後の安倍晋三首相とのトップ会談である。安倍首相は自動車追加関税圧力を「日米物品貿易協定（TAG）」というウルトラCで見事にかわしたことだ。

それはともかく、政治専門サイトのリアル・クリア・ポリティクスの世論調査によると、大統領支持率が急回復、9月末時点で42・9%まで戻している。

今春から43%超を維持していた支持率が、元選挙対策責任者と顧問弁護士の裁判や「ロシアゲート」捜査の進展などで8月下旬には40%割れ寸前まで落ち込んでいた。

日本で浸透しているトランプ氏の印象は、「側近の進言に耳を貸さない超ワンマン」「理に適った政策より利を優先する取引（ディール）至上主義者」である。

ところが、米国民の受け止め方はやや違うようだ。三大ネットワークのＮＢＣテレビとＷＳＪ紙共同世論調査を見てみると、それが分かる。

国民が最も重要だと考える政策は経済の現状なのだ（78％）。日本で大騒ぎとなった貿易はわずか49％。ヘルスケア（75％）、外交・テロ（66％）、移民（64％）、銃規制（61％）の後塵を拝している。

好調な経済を享受する国民の過半はトランプ氏の強硬な貿易政策がもたらす自らのダメージを実感していないのだ。従って、対中、ＥＵ、カナダ、メキシコ、そして日本に対する強硬策を容認する。それどころか、デジタル覇権国の米国に挑む中国との貿易戦争に突き進むトランプ氏に拍手喝采なのだ。

共和党系ロビイストのカール・アイゼルバーグ氏は筆者に興味深い指摘をした。

「中国のＢＡＴと呼ばれるバイドゥ（百度）、アリババ、テンセントは売上高こそアップルの10分の1ですが、純利益率は互角でアマゾンやアルファベットを上回ります。これに米シリコンバレーは危機感を持っている」

要は、トランプ氏の中国とのデジタル覇権争いは超マジということなのだ。

4　米中関係は最終衝突局面（2018・10・16）

マイク・ポンペオ米国務長官が2泊4日で日本、北朝鮮、韓国、中国の4カ国を訪れた。アジア歴訪の日程を挙げると、次のようになる。

10月6日午後2時10分、国務長官専用機でアンドルーズ米空軍基地を発ったポンペオ氏は羽田国際空港に到着。

同午後5時、首相官邸で安倍晋三首相と会談。同6時15分、河野太郎外相と外務省で会談。東京泊。

10月7日午前7時、北朝鮮に向けて出発。同9時30分（北朝鮮時間）、平壌国際空港に到着。

同午前、百花園迎賓館で金正恩労働党委員長と昼食を交えて3時間半会談。

同午後4時、韓国へ向けて出発。同5時25分（韓国時間）、ソウル到着。

同午後7時30分、康京和外相と会談。同9時、青瓦台で文在寅大統領と会談。ソウル泊。

10月8日午前11時50分、中国に向けて出発。同午後1時（中国時間）、北京国際空港に到着。

同午後2時、王毅・国務委員兼外相と釣魚台国賓館で会談。

同2時45分から楊潔篪共産党政治局員（元外相、前国務委員）と会談後、中国側は午後4時から予定されていた習近平国家主席との会談を突然キャンセル。

そしてポンペオ氏は同午後4時頃、北京を発ちワシントンへの帰国の途に就いた。

確かに、ポンペオ氏は金正恩氏との長時間の会談で第2回米朝首脳会談の早期開催で一致したし、既に爆破した北東部・豊渓里の核実験場と、廃棄意向を明らかにしている北西部・東倉里のミサイル実験場への国際原子力機関（IAEA）の査察受け入れを引き出した。

これらは一応、成果と言っていいだろう。

だが、米中間では貿易戦争だけでなく、東シナ海で米海軍イージス艦と中国海軍駆逐艦が一触即発（約41メートルのニアミス）の事態になるなど軍事面でも緊張が高まっている。

こうしたことから、王毅氏と激烈な言い争いとなったポンペオ氏が習近平氏と会談すれば、何を言い出すか分からないので中国側がドタキャンしたとされる。

要は、それほど現在の米中関係はコリジョンコースに突き進んでいるということである。

「もはや、米中両国は行き着く所まで行くしかない」と、筆者がワシントンで会ったジェームズ・プリスタップ国防大学国家戦略研究所上席研究員は語った。

ポンペオ長官に対中強硬政策をインプットしているのは、ハドソン研究所のマイケル・ピルズベリー中国戦略センター長である。

5　貿易戦争「一時停戦」か「激突」か（2018・11・27）

世界の市場関係者は今、11月30日～12月1日にアルゼンチンの首都ブエノスアイレスで開催される20カ国・地域（G20）首脳会議を固唾をのみながら見守っている。米中貿易戦争の当事者であるドナルド・トランプ大統領と習近平国家主席のトップ会談が同地で行われるからだ。

そして米中貿易戦争を「一時停戦」に持ち込めるのかどうかの瀬戸際に、世界経済はいる。トランプ大統領はムニューシン財務長官、クドロー大統領補佐官（経済担当）、ライトハイザー米通商代表部（USTR）代表を引き連れて現地入りする。

一方、G20首脳会議出席に先立ち、王毅国務委員兼外相を従えてスペインとポルトガルを公式訪問する習近平主席と、ドイツで開かれる中欧フォーラム（ハンブルクサミット）に参加する劉鶴副首相は11月29日にブエノスアイレスで合流する。

習、劉両氏が事前に欧州を訪問する意図は明白だ。米中首脳会談前に中国・欧州経済関係強化を世界に向けてアピールすることである。

とりわけ、対米交渉の責任者である劉氏が前線を離れたのは、欧州との経済協力対話を行い、対米防波堤を構築しようということだ。ハンブルク滞在中3日間に欧州各国の経済・貿易相との会談を重ねることからもそれは窺える。

いずれにしても、米中貿易戦争を「一時撃ち方止め＝停戦」に持ち込めるのかは予断を許さない。米国主導の中国封じ込めが着々と進んでいるからである。

米議会の諮問機関「米中経済安全保障調査委員会」（ＵＳＣＣ）は14日に年次報告書を発表、中国が人工知能（ＡＩ）を用いた兵器など次世代の軍事技術に大規模投資を行い、米国の軍事的優位が脅かされているとした。

米商務省産業安全保障局は19日、「中国製造２０２５」に関連する14の分野の輸出規制を発表。

さらにパリに本部を置く経済協力開発機構（ＯＥＣＤ）は月末までに報告書を発表する。そこには、中国の巨大デジタルプラットフォーマー「ＢＡＴ」（バイドゥ、アリババ、テンセント）がＷＥＢサービス（決裁・検索）から多様なリアルサービス（自動車製造・地図データ・シェアリング）に進出して影響力を強めていることを受けて、監視の必要性が強調されている。

とは言うものの、トランプ政権内の対中最強硬派のナバロ大統領補佐官（通商担当）が大統領に同行しないことが、現時点で最大の朗報である。

6 トランプ外交の隠れたキーマン（2018・12・11）

注目された米中貿易戦争を巡るドナルド・トランプ米大統領と中国の習近平国家主席のトップ会談は決裂に至らず、「一時停戦」で終わった。

米中首脳会談は、アルゼンチンの首都ブエノスアイレスの5つ星ホテル「パラシオドゥハウ・パークハイアット」で12月1日午後5時30分から2時間半行われた。

このワーキング・ディナーに出席したメンバーは以下の通り（ホワイトハウス発表の席次順）。

米側：トランプ大統領、ポンペオ国務長官、ムニューシン財務長官、ケリー大統領首席補佐官、ライトハイザー米通商代表部（USTR）代表、ボルトン大統領補佐官（国家安全保障担当）、クシュナー大統領上級顧問、ナバロ大統領補佐官（通商担当）、クドロー大統領補佐官（経済担当）。

中国側：習主席、丁薛祥共産党中央弁公室主任（習主席の最側近）、劉鶴副首相、楊潔篪党政治局員（外交責任者）、王毅外相、鍾山商務相、王受文商務次官、何立峰国家発展改革委員会主任、崔天凱駐米中国大使。

米中ともに1プラス8の構成である。特筆すべきは、米側に大統領娘婿のジャレッド・クシュナー氏が参席したことだ。

事前に予想しなかった。20カ国・地域（G20）首脳会議にサウジアラビアのムハンマド皇太子が出席することを発表した時点で気づくべきだった。「カショギ記者殺害事件」で窮地にあるムハンマド皇太子のG20出席は、旧知のクシュナー氏と今後の対応を協議するためだったのだ。

クシュナー氏は、新NAFTA（北米自由貿易協定）合意で黒子の役割を果たした。ライトハイザー氏とは会話が成立しないカナダのフリーランド外相と裏面で接触、そして旧友であるビデガライ・メキシコ外相と落としどころを探り、米・メキシコ・カナダ協定（USMCA）に漕ぎ着けたのである。

では、今回の「一時停戦」でどのような役割を果たしたのか。

カウンターパートは楊潔篪氏である。楊氏は魏鳳和国防相を伴い、先にワシントンで開催された米中2＋2対話に出席、ポンペオ国務長官、マティス国防長官と会談した。

その際、非公式にクシュナー氏と会談していた。この間、表舞台から遠ざかり存在感低下が取り沙汰されていたが、同氏は中国との安全弁＝ホットラインになったのだ。

安倍晋三政権にとって正念場になる19年1月からの日米物品貿易協定（TAG）交渉を念頭に置き、クシュナー氏と絶大なる誼を通じる必要があるのだ。

7 ファーウェイ事件の対応に苦慮する習政権

（2018・12・18）

中国通信機器大手・華為技術（ファーウェイ）の孟晩舟副会長兼最高財務責任者（CFO）逮捕劇が中国国内に飛び火し、習近平政権はその対応に苦慮している。

楽玉成外務次官は12月8日にマッカラム駐中国カナダ大使、9日にはブランスタッド駐中国米大使を呼び、孟氏逮捕に厳重抗議、身柄の引き渡しを求めた。

これを国営の新華社が配信、さらに各メディアが楽次官の「深刻な事態を招くと警告」発言を報じたことから、国内で愛国主義的なセンチメントが急速に強まった。

その極めつけは、中国共産党機関紙「人民日報」系の英字紙「グローバル・タイムズ」（「環球時報」）が、孟氏が手錠と足枷をはめられて連行されたと報じ、大衆の怒りを煽ったことだった。

その怒りの矛先は、直ちにカナダに向けられた。報復措置として、中国人の観光渡航規制、カナダ産農産品の輸入禁止を示唆したのだ。

中加関係がまさに「一触即発」に向かった11日、カナダのバンクーバー地方裁判所が孟氏の保釈を許可したのである。

ここで注目すべきは、中国の今後の対米姿勢である。

12月1日、ドナルド・トランプ大統領と習近平国家主席は来年の相互訪問で合意した。

２０１９年1月1日は米中国交樹立発表40周年である。トランプ大統領は17年11月に中国を公式訪問しているので、次は習主席が訪米で返礼する番だ。

習主席訪米の時期は、中国の春節休みが２月４～10日なので最も早い場合、春節後の２月中旬か下旬になる。

そうした中で、９日にライトハイザー米通商代表部（ＵＳＴＲ）代表は中国の構造改革を巡る米中通商協議で決めた90日間について「厳格な期限だ」と述べ、改めて来年２月末までに合意できなければ追加関税の税率を引き上げると断じた。

習主席訪米がこの期限前になるのか、それとも期限後の３月１日以降の訪米になるのでは天と地の差がある。

後者であれば、習氏訪米の「成功」が米中通商協議の結果次第ということであり、合意未達のままの訪米は〝赤っ恥〟をかくことになる。

習近平氏は今、国民から弱腰批判を受けずに且つ冷静に対応することが求められているのだ。シグナルはすでに発している。ライトハイザー発言の翌日、劉鶴副首相が自らの訪米について同氏と電話協議を行った。

そして次に控えるのは、習氏が固執する「平成終焉」前の日本訪問である。

8　対中、対日貿易交渉で「成果」を熱望するトランプ大統領（2019・3・26）

ドナルド・トランプ米大統領は3月23日、遊説のため米中西部のオハイオ州入りした。トランプ大統領が直前の16、17両日にツイートした内容が全てを物語っている。

「経済が好調のため、ゼネラル・モーターズはオハイオ州ローズタウンの工場を早期に再開しなければならない。違う形か新規のオーナーを探す、とにかく直ぐにだ！　トヨタは135億ドルの投資を行う、その他も同様だ。ＧＭは速やかに行動しなければならない。時間がない」

翌日のツイッターには、工場閉鎖への不満を述べた上でＧＭのメアリー・バーラＣＥＯ（最高経営責任者）の名前を挙げて、「売るか他の策を直ぐ講じるようお願いした」と投稿している。

なぜ、このトランプ・ツイートが重要なのか。その理解のためのキーワードは「ＷＯＭＰ」である。

これは、2020年米大統領選の行方を左右する重要州のウィスコンシン州（Ｗ）、オハイオ州（Ｏ）、ミシガン州（Ｍ）、ペンシルベニア州（Ｐ）4州の頭文字である。

経営不振に陥ったＧＭが閉鎖を発表した2工場は、オハイオ州ローズタウンとミシガン州ハムトラミックにある。

と同時に、トランプ支持の岩盤とされるＷＯＭＰ州は大豆栽培で有数の生産地域であり、全米トップ20にランクインしている（Ｏ：６位、Ｍ：13位、Ｗ：16位、Ｐ：19位）。「ディールメーカー（取引人）」を自任するドナルド・トランプ氏は分かりやすい人物である。日米貿易交渉における最大の難題は、米国が求める自動車対米輸出の「数量制限」回避だ。トヨタ自動車の豊田章男社長は３月15日、ワシントンで７・５億ドル（約８４０億円）の対米投資と約６００人の雇用を増やすと、大々的に発表した。

４月から始まる日米貿易閣僚級協議を前に先手を打ったのだ（ちなみにツイートにある「１３５億ドル」は、トヨタの21年までの総投資額）。

一方、中国の習近平政権は米中貿易戦争の只中の18年12月から米国産大豆１５０万トン超（約５億ドル相当）の輸入を再開している。

ライトハイザー米通商代表部（ＵＳＴＲ）代表は28、29両日、北京で劉鶴副首相と米中合意に向けて最終協議を続ける。そして、中国側はＧＭの閉鎖工場を買収するというサプライズまで検討しているというのだ。

「利の人」トランプ氏は、民主党大統領予備選に出馬する候補が出揃う６月までに対中、対日貿易交渉で「成果」を我が手にしたいのである。

9 新冷戦時代のための対中戦略（2019・6・18）

米国務省のキロン・スキナー政策企画局長の名前を知っている読者はほとんどいないと思う。シカゴ出身の黒人女性58歳。生粋の共和党員である。ハーバード大学で国際政治学博士号取得。18年8月に現在のポストに就くまでは、私立の名門カーネギー・メロン大学教授（国際関係論）を務めた。

スタンフォード大学フーバー研究所主任研究員、N・ギングリッチ元下院議長の外交アドバイザー、ブッシュ政権（子）の国家安全保障教育委員会（NSEB）メンバーなどを歴任。同ブッシュ政権のC・ライス国務長官との共著『レーガン大統領に学ぶキャンペーン戦略』は、共和党選挙関係者の間でバイブルとされている。

このような大物を、単なる局長であるが長官直轄の政策企画局長に任命したのは、M・ポンペオ国務長官だ。

この人事は同氏の慧眼に負う。その証と言えるのが、4月29日にワシントンで開催されたニュー・アメリカ（新米国研究機構）主催の安全保障セミナーでのスキナー氏の基調講演である。

「中国は我々にとって、長期にわたる民主主義に立ちはだかる根本的脅威である。中国は経済的にもイデオロギー的にも我々のライバルであるのみか、数十年前まで予想もしなかったグローバル覇権国とみることができる」——。トランプ政権が中国を覇権抗争の相手国と見なしていることを明確にしたのだ。

一方、「今後米国史上初めて、白人国家ではない相手（中国）との偉大なる対決に備えていく」と発言、「非白人国家」という人種の違いに言及したことで物議を醸した。

同発言への批判は別にして、筆者が注目したのは「米国務省は現在、中国を念頭に置いた『X書簡』のような深遠で広範囲にまたがる対中取り組みを検討中」と語ったことである。

言うまでもなくこれは、米ソ冷戦時代に対ソ連封じ込め戦略を打ち出した初代政策企画局長のジョージ・ケナンの「X論文」を念頭に置いたものだ。

要は、新冷戦時代のための対中戦略を策定中と宣言したのである。

想起すべきは、18年10月4日のM・ペンス副大統領による対中〝宣戦布告的〟講演である。再びペンス氏は24日、ウッドロー・ウィルソン国際センターで講演する。米中和解からほど遠い内容になるはずだ。

ちなみにスキナー発言を紹介した新聞は、産経新聞（5月31日付）と英紙フィナンシャル・タイムズ（6月5日付）の2紙だけだった。

10 日本メディアの報じない「三極委員会」（2019・6・25）

世界の耳目は今、6月28〜29日に大阪国際見本市会場（インテックス大阪）で開催される20カ国・地域（G20）首脳会議に集まっている。

とりわけ、ドナルド・トランプ米大統領と中国の習近平国家主席（共産党総書記）の首脳会談の行く末を注目している。

両首脳が握手して当たり障りのない会話だけの外交儀礼的な会談に終わるのか、それとも米中貿易戦争の一時停戦に向けたトップ交渉になるのかが注目される所以である。極論すれば、米中首脳会談が現在の深刻な世界経済減速に歯止めをかける成否のカギを握っているのだ。

こうした中で、日本メディアは一切報道しなかったが、G20首脳会議に先立つ6月14〜16日、フランスのパリで重要な国際会議が開かれた。エッフェル塔正面のセーヌ川を挟んで反対側に位置するシャイヨー宮で開催された三極委員会（トライラテラル・コミッション）総会だ。

1973年10月、デービッド・ロックフェラー（当時チェース・マンハッタン銀行会長）が提唱して設立された国際的な政策提言グループである。

米国（カナダを含む）、欧州、日本の世界「三極」から約30人の政治家、学者、元外交官、経済人が参集した。ロックフェラーの〝お眼鏡〟にかなった錚々たる人物だった。

三極委員会は、実は今なお積極的な政策提言を発信しているのだ。

今総会のホスト、ジャン＝クロード・トリシェ元欧州中央銀行（ＥＣＢ）総裁、日本委員長の長谷川閑史元経済同友会代表幹事、米国委員長のメーガン・オサリバン・ハーバード大学教授が議論を主導した。

筆者は出席したニューヨーク在住の日系三世弁護士からメールで議論内容を伝えて頂いた。同氏が驚いたのは、中国の脅威について欧州メンバーが予想を遥かに超える危機感を抱いていることだった。

米商務省は先月15日、中国通信機器最大手の華為技術（ファーウェイ）に対する全面輸出禁止措置を発表した。これまで「ファーウェイ排除」はやり過ぎとの立場だった英国とドイツが軌道修正したというのだ。

となると、「中国脅威」論を巡り、Ｇ７首脳会議メンバーではない中国、ロシアと、日・米・英・独・仏・伊・加の７カ国との激しい論争もあり得る。

だからこそ、29日のトランプ・習近平会談が死活的に重要なのだ。トランプ氏は帝国ホテル（大阪）、習氏はウェスティンホテルに宿泊するが、どちらで会談が行われるのかが見極めるポイントである。

第4章 米朝関係はどうなる

２０１８年6月12日、全世界の耳目を集めたドナルド・トランプ米大統領と金正恩朝鮮労働党委員長のトップ会談がシンガポールのカペラ・ホテルで開催された。かつて「コリア・ウォッチャー」を自任していた筆者は、この米朝首脳会談をテレビ中継で観て感慨無量となった。

筆者は同年10月に訪れたワシントンで1枚のメダルを入手した。商魂たくましいというべきか、ホワイトハウス（ＷＨ）のギフトショップで1枚１００ドルで販売された米朝首脳会談記念メダル（ＷＨ通信局制作）である。

メダルの表には両首脳の横顔とその首元に両国の国章が彫られ「PRESIDENT DONALD J.TRUMP 2018 SUPREME LEADER KIM JONG-UN PEACE TALKS」と刻印されている。仄聞したところによれば、北朝鮮はこのメダルを大量に購入、首脳会談実現に至るまでに行われた事前協議に関わった労働党と政府幹部に「下賜」したというのである。

19年2月27、28両日にベトナムの首都ハノイで行われた2回目のトランプ・金正恩会談、そして朝鮮半島を南北に分断する軍事境界線がある板門店で6月30日に行われた3回目の首脳会談を経てなお今日まで朝鮮半島の非核化問題で米朝交渉が暗礁に乗り上げて進展がないことから、北朝鮮は経済制裁緩和・解除を引き出すための時間稼ぎをしているだけだとの悲観的な見方をする専門家が少なくない。

筆者はその説を採らない。幾つかの理由がある。その前提となるのは、金氏がすでにルビコン川を渡ったとみているからだ。

まず挙げるべきは、中国ファクターである。想起すれば分かることだが、第1回米朝首脳会談前後に金委員長が中国を訪れたことだ。金氏は直前の5月7～8日、妹の金与正党宣伝扇動部第1副部長、金英哲副委員長（当時は党統一戦線部長も兼務）、李洙墉副委員長（元外相）らを伴い、専用機（チャムメ1号）で中国の大連を訪れて習近平国家主席と会談した。

電撃訪中だった。そして看過できないことは、そのタイミングを計ったかのように5月9日未明、マイク・ポンペオ米国務長官が横田米空軍基地経由で訪朝したことだ。ピョンヤン滞在中、金氏と米朝首脳会談のテーマの最終確認、とくに非核化のプロセス検証の工程表について踏み込んだ協議を行っている。

さらに金氏は直後の6月19～20日にも李雪主夫人を伴い、空路北京入りしているのだ。この金氏訪中の随行団は、米朝首脳会談時の留守役責任者だったナンバー2の崔竜海副委員長（党組織指導部長）以下、朴奉珠首相、シンガポールに同行した金英哲副委員長、李洙墉副委員長など党・政府オールスターキャストである。

そして金正恩氏は人民大会堂で開かれた中朝首脳会談で中国の「積極的で誠実な大きな支援」に感謝を表明した。中国が史上初の米朝首脳会談実現に向けた協力を惜しまなかったことを示す分かりやすい事例がある。

実はシンガポール訪問に利用した飛行機は中国国際航空（Air China）のチャーター便だった。旧ソ連製イリューシン62改良型の金氏専用機ではピョンヤン・シンガポール往復が航行距離など安全性に不安があったからだ。面子より安全を選ばざるを得なかった。こうしたロジスティック面を含めて北朝鮮の「対中依存外交」と言われる所以である。

それにしても、先述の「ルビコン川」の件である。ポンペイウスとの戦いを決断したカエサルならぬ金氏が敬愛して止まない祖父・金日成国家主席の時代からの「反米スローガン」をかなぐり捨ててまでトランプ氏との首脳会談実現を目指したのは、いったいなぜか。

困窮する現在の北朝鮮経済を考えれば、背に腹はかえられないということだろう。国連安保理決議に基づく対北朝鮮経済制裁によってもはや耐えられないレベルにまで来ているのだ。もちろん、それ以外にも理由はある。人民に飢餓という悪夢を押し付けてまで「米帝国主義」に抗するために核・大陸間弾道ミサイル（ＩＣＢＭ）開発など巨額な軍事費を投入し続けてきたことがいよいよ立ち行かなくなったのである。

スイス留学の経験がある「金王朝3代目」の金正恩氏はリアリストである。金王朝維持＝体制保証のためには、朝鮮戦争の終結宣言を経て米朝国交正常化を前提とした両国の連絡事務所相互設置を実現して米国主導の制裁解除を何がなんでも掌中に収めたいということなのだ。

だからこそ、自分と同じ「独裁者」であるトランプ氏であれば「deal（取引）」できると判断したに違いない。それにしても、ビジネスマインドがあるトランプ氏は一枚上手の「deal maker（取引人）」なのだ。金氏が願うように事はそう簡単に進むとは思えない。

そうだとしても、「利」がすべてに優先するトランプ氏のことを考えると、そう遠くない今秋にも第4回米朝首脳会議に踏み切る可能性を排除すべきではない。

1　北朝鮮外相の衝撃スクープ写真（2015・9・8）

これは、筆者が入手したスクープ写真である。

読者は一瞥してみて「どこかおかしい」と感じたはずだ。そう、ヘッドフォーンを手にしている恰幅のいい老紳士の右手人指し指と中指の第一関節がないのだ。この人物の名前は李洙墉《イ・スヨン》、北朝鮮の外務大臣である。

この写真が撮られたのは8月6日。マレーシアの首都クアラルンプールにあるプトラ・ワールド・トレード・センター（PWTC）。8月5～6日、同地で東南アジア諸国連合（ASEAN）地域フォーラム閣僚会議（ARF）が開催された。

そして議長国マレーシアのアマン外相、岸田文雄外相、ケリー米国務長官、王毅中国外相、ラブロフ露外相、尹炳世韓国外相、李洙墉北朝鮮外相らが出席、その閣僚会議の場で撮られたものだ。

前日の5日夜にPWTC四階のイベントフロアーで前夜祭が開かれた。マレーシアの民族衣装シャツを着て出席した李外相は終始上機嫌だった。だから無防備だったのか、その時にも知られたくないはずの右手指欠損を激写されている。

実は、国家安全保障局（谷内正太郎局長）が同外相の右手指先二つがないという情報を得ていて、事前にクアラルンプール入りする外務省職員に写真を撮るよう指示を出していたというのだ。

断っておくが、この写真はその筋から手に入れたものではない。では、なぜ人指し指と中指の先端がないのか。

にわかに信じ難い話だが、北朝鮮の金正恩第一書記の前で忠誠の証として自らが切り落としたというのである。今、広域暴力団・山口組分裂が話題となっているが、「指詰め」は左手小指である日本のヤクザ社会も仰天する話だ。

彼の国では２０１３年12月にナンバー２の位置にいた叔父の張成沢氏が粛清（軽機関砲で処刑）されて以来、金第一書記への忠誠心競争が権力中枢で激化している。

この間、北朝鮮労働党幹部や人民軍トップの相次ぐ粛清が明らかになっている。

先の韓国・北朝鮮の軍事境界線を挟んだ衝突は「寸止め」で大事に至らなかったが、北朝鮮の外交敗北は明らかだ。

金第一書記の許可なく地雷を敷設したとされる李永吉軍総参謀長が次の粛清対象ではないか。

北朝鮮はまさに「ヤクザ国家」である。

2 私が〝直撃〟した金正男（2017・2・21）

北朝鮮の故金正日総書記の長男で、金正恩朝鮮労働党委員長の異母兄の金正男氏（45）は2月13日午前、マレーシアの首都クアラルンプールの空港で暗殺された。

フジテレビ政治部の藤田水美記者が、16日夜のニュース番組「ユアタイム」で10年に及ぶ金正男氏取材の顚末を語っていた。２００７年2月にマカオで初めて直撃して以来、今日まで食事を交えてを含め30数回もインタビューしたという。

同番組では、これまで見ることがなかった金氏の刺青姿の写真まで紹介された。

取材の過程で藤田記者が受けた金氏の印象は「善い人」だったという。韓国や中国の記者も同氏を一様に「王子」と呼び、その気さくな性格に好感を抱いていたほどだ。

ところで、実は筆者も金正男氏を〝直撃〟したことがある。

２００５年8月15日夜、パリ市内の高級ホテル「ジョルジュ・サンク」内のレストランでのことだ。

旧知の米国人弁護士（故人）、経済協力開発機構（ＯＥＣＤ）日本政府代表部の北島信一大使（当時）ら数人と会食中に、それは起こった。

何気なくテーブルの右奥窓際に眼を転じた瞬間、それこそ背筋に戦慄が走った。視野に入ったのはアジア人男性と若いブロンド女性のカップルで、その男性は紛れもなく「金正男」だった。

間もなくしてその男性は席を立ち、トイレに向かった。急いで追いかけて、用を足しているその男性の左隣に並び、思い切って話かけた。

「Excuse me, but are you Mr. Kim Jong-nam?」

ギョッとしたその男性は、筆者を一瞥するや用足しもそこそこに出て行った。その後、席に戻ってから彼とは2度、アイコンタクトがあった。

食事が終わる頃、ゲストの1人が持参したデジカメを取り出し、記念写真を撮ろうとなった。筆者は素早く知人を撮るふりをして、件のカップルを背景に入れてシャッターを切った。

帰国後、そのピンボケ気味の写真を公安筋に提供、照合してもらった。その答えは「限りなく金正男だと思いますが、断定はできません」だった。

「5年前に暗殺指令が出ていた」というのに、なぜ金正日総書記の生誕75周年記念式典直前のタイミングに殺されなければならなかったのか。

1月中旬に金元弘国家保衛相が解任された。金正男氏の後ろ盾とされた張成沢国家国防副委員長を処刑した張本人である。金正恩体制下で権力闘争が勃発しているのだろう。

3 金正恩は〝レッドライン〟を越えるか？（2017・7・4）

世界どの国の新聞にも政治を題材とした「風刺漫画」が掲載されている。数多ある中でも英国メディアのそれは、漫画の質の高さと辛口のキャプションが段トツである。

直近の英紙フィナンシャル・タイムズ（4月29・30日付）掲載分が抜群だった。作者のイングラム・ピン氏は、10年以上観てきた各紙の風刺漫画の中ではピカ一と言っていい。

さて、描かれているのはドナルド・トランプ米大統領と北朝鮮労働党の金正恩委員長。両首脳の変わったヘアスタイルは特に有名だ。地毛であってカツラではないが、トランプ氏のそれは後ろ髪が極めて長くスーツの襟にかかり、左右の鬢をヘアクリームで固めている。一昔前のリーゼント・スタイルだ。

一方の金正恩氏は、祖父の故・金日成国家主席を真似て耳から上を刈り上げて、頂の毛髪を固形クリームで直立させている。少しでも背を高く見せたいのだろう。父の故・金正日総書記がハイヒール靴を好んだように。

件の風刺漫画では、金氏の逆立った頭髪からまさに弾道ミサイルが発射された。トランプ氏のロングヘアは大陸間弾道ミサイル（ＩＣＢＭ）風にセットされていて、今にも迎撃・発射せんばかりだ。

キャプションにはただ一言、「HAIR TRIGGERS」とある。英語で「一触即発」という意味である。米朝軍事衝突か！　と、この風刺漫画は現下の朝鮮半島情勢を表わしているのだ。

では、「米朝衝突」にリアリティがあるのか。残念ながら、イエスと言わざるを得ない。

約17カ月間も拘束され、6月13日に昏睡状態で解放された米国人学生、オットー・ワームビア氏が帰国後直ぐに亡くなった。「拷問死」の可能性が取り沙汰されている。

それまでのトランプ政権の対北朝鮮政策は硬軟使い分けの「ダブルトラック」路線だった。ティラーソン国務長官は5月18日、韓国の文在寅大統領の特使として訪米した洪錫炫前中央日報会長に対し、「北朝鮮の金正恩体制転換は求めない。私の経済界の友人たちは北朝鮮の豊富な天然資源開発に興味を持っている」と語った。

だが、マティス国防長官は6月13日の米上院軍事委員会で「北朝鮮攻撃の準備はすでに完了している」と証言した。

金氏が「レッドライン」を越えるとすれば、人民軍戦略軍創建記念日の7月3日から朝鮮戦争休戦協定日の27日の間だ。「今そこにある危機」は間近に迫っているのだ。

4 朝鮮戦争は「一時撃ち方止め」

（2017・9・5）

北朝鮮国営メディアは3日、「重大報道」を通じ、水爆実験に「成功」したと発表した。北朝鮮の核実験は6回目である。これに先立つ8月29日早朝、北朝鮮が発射した新型の中距離弾道ミサイルは日本上空を通過し、北海道・襟裳岬の東方約1180㎞の太平洋上に落下した。

北朝鮮のミサイルが日本列島の上空を通過したのは5回目だ。

今回は、全国瞬時警報システム「Jアラート」が北海道・東北地方の自治体や住民に警戒・避難を強く呼びかけたことから、国民の多くが「ミサイルの日本飛来」の危険を実感した。

と同時に、半世紀以上前の1950年6月25日に勃発した朝鮮戦争は今なお「一時撃ち方止め」の状態にあることを思い知らされたはずだ。というのも、53年7月に国連軍総司令官と（北）朝鮮人民軍最高司令官が署名した「休戦協定」が、その根拠であるからだ。

朝鮮人民軍最高司令官とは、朝鮮労働党の金正恩委員長が敬愛して止まない祖父・金日成首相（当時）である。核とミサイルを手にした金正恩委員長には、ドナルド・トランプ米大統領との究極の「チキンゲーム」を放棄する意思が全くないように見える。

新型ミサイルの標的がグアム、日本のいずれであれ、金氏が企図しているのは米国に核保有を認めさせた上で、米朝国交正常化交渉に持ち込むことだ。要は「金王朝」の存続である。

歴史を遡り明治43年（１９１０年）の日韓併合条約発効日まで言及した金氏が核・ミサイル開発を諦めることはない。

筆者は過日、駐トルコ大使として首都アンカラに赴任する宮島昭夫前内閣府国際平和協力本部事務局長と会食した。そして実に興味深い話を聞かされた。先の国連軍に関することだ。

朝鮮戦争で朝鮮人民軍・中国人民志願軍と戦ったのは米軍兵士主力の21カ国の国連軍だった。戦死者は４万８９６人。看過できないのはその内訳で、米兵３万６４９２人、英兵１１７７人、トルコ兵１００５人が命を落とした。他にもカナダ、オーストラリア、フランス、コロンビア、タイ、フィリピン兵など多数。

戦地から遥か中東のトルコは国連憲章第7章に基づいて結成された国連軍に兵士を派遣、犠牲者の数も米、英国に次いで多かったのだ。

件の宮島大使は、次の「炸裂」が心配される9月9日の着任前に韓国の釜山にある国連記念墓地を訪れて戦死者碑の前で黙祷を捧げたという。

「日本人は彼らの尊い犠牲の上に今日の日本があるということを記憶し、語り継ぐことが肝要です」

同大使が別れ際に漏らした言葉が耳から離れない。

5　挑発繰り返す北への限定空爆はあるか？　（2017・9・12）

超保守派のスティーブン・バノン前大統領上級顧問兼首席戦略官がトランプ政権を去った8月18日、ホワイトハウスの上級スタッフ全員にA4判変形レター2枚が配布された。

そこにはある人物の名前が記され、ホワイトハウスの出入りを全面禁止にしたとあった。指示を出したのはジョン・ケリー大統領首席補佐官（退役海兵隊大将）。

さらに、ドナルド・トランプ大統領との面会はすべて自分の許可を得ること、大統領に提出する書類・メモはジョー・ヘーゲン大統領次席補佐官（統括）を通じることが厳命されていた。

ジョン・ボルトン氏、69歳である。イェール大学ロースクールを最優秀で修了後、共和党保守派の大御所、ジェシー・ヘルムズ上院議員補佐官を経て父子のブッシュ政権で国務次官補、国務次官、国連大使を歴任した。

トランプ政権発足前には国務副長官が有力視された生粋の保守派だが、ブッシュ政権（子）を牛耳った「ネオコン」と呼ばれることを嫌う。

外交スタンスは親イスラエル、親台湾（反中国）、そして大の北朝鮮嫌いだ。国連大使時代に当時の金正日総書記を「圧政的な独裁者」と呼び、北朝鮮は同氏を「人間のクズ」と罵倒した。

そしてもちろん、バノン氏とは「同志」である。ところが北朝鮮政策に関してだけは、2人は対立していたから不思議だ。

米朝の一触即発打開には北朝鮮の核保有を認めたうえで対話すべきだと、バノン氏は主張。一方のボルトン氏はブッシュ大統領に北朝鮮を「悪の枢軸」と言わせた張本人であり、一切の妥協を排す。

その2人がホワイトハウス内でスタッフを前に北朝鮮を巡り侃々諤々の論争を繰り返すので、当時、国家安全保障会議（NSC）を所管していたフリン大統領補佐官はお手上げ状態だった。

しかし、軍の規律を持ち込んだケリー氏の登場で現在のハーバート・マクマスター大統領補佐官（国家安全保障担当・現役陸軍中将）は、思い通りの政策立案ができるようになったのだ。

8月29日の「火星12」（新中型弾道ミサイル）発射、9月3日の「水爆」実験強行と、北朝鮮の挑発は終わることはない。

トランプ大統領は、今なお外交解決を模索するジェームズ・マティス国防長官（退役海兵隊大将）に対しミサイル基地、核施設の限定空爆を直命するのか。

6　北朝鮮政策をめぐるホワイトハウス内の暗闘（2018・3・6）

トランプ米政権内で再び不穏な動きが顕在化している――。

2月28日（米国東部標準時間）、ホワイトハウスのホープ・ヒックス広報部長の辞任が発表された。

ヒックス氏のオフィスは、ホワイトハウスのウエスト・ウィング（西棟）1階の大統領執務室と廊下を挟んだ真北にあった。ドナルド・トランプ大統領に最も近いオフィスを充てられていたことからも分かるように、最側近の一人として知られた人物だ。

それだけではない。同じ27日、CNNテレビなどトランプ政権に批判的な複数のメディアは、大統領の娘婿、クシュナー上級顧問が米政府の最高機密情報を取り扱う資格を失った、と大々的に報じた。

各メディアの報道を総合すると、ホワイトハウスの規律を重視する退役海兵隊大将のケリー大統領首席補佐官が決めたという。

正式な手続きを経ないで大統領に直接意見を言えるクシュナー氏と長女のイバンカさん夫妻がホワイトハウスの秩序を乱す懸念があるとして、2月18日付で機密閲覧を禁じる方針を通知したというのだ。

こうしたケリー氏の強権発動によって、米メディアは「トランプ・ファミリーvs側近の確執」、「クシュナー氏の存在感低下」と書き立てた。

実は、政権内の権力を巡る確執は伝えられている以上に深刻である。

それは、北朝鮮政策を巡る意見対立なのだ。対北朝鮮強硬派であり武力行使もやむなしとするマクマスター大統領補佐官（国家安全保障担当・予備役陸軍中将）と、外交交渉優先を唱えるティラーソン国務長官、マティス国防長官（退役海兵隊大将）との路線対立である。

事をさらに複雑にしているのが、ポンペオ米中央情報局（ＣＩＡ）長官の存在である。

ワシントンの政界筋の間では、ポンペオ長官がティラーソン国務長官の後任に強い意欲を持っていることは周知の事実だ。

そのポンペオ氏がどうやら、先のマイク・ペンス副大統領と北朝鮮の金与正労働党第１副部長の「幻の米朝接触」を仕掛けた張本人であったようなのだ。

２０１３年の日時は特定できないが、ジョセフ・デトラニ元ＣＩＡ東アジア作戦部長が極秘訪朝した際に拓いたチャネルを通じて北朝鮮側に要請したとされる。

絵解きをすると、こういうことである。外交はオレでもできると、ポンペオ氏が内々にＣＩＡ主導で打診・失敗したというのだ。

7 難航する米朝首脳会談の開催地選び（2018・5・8）

米朝首脳会談の開催地の選定が難航している。

4月27日に行われた米独首脳会談後の共同記者会見で、ドナルド・トランプ米大統領は「2カ国に絞った」と発言。同日夜、米CNNテレビはシンガポールが有力視され、モンゴルの首都ウランバートルも選択肢に残っていると報じた。

大型連休入り前に接触した在京米国大使館関係者によると、米国がシンガポールを希望し、北朝鮮側は同国には米海軍チャンギ基地があることから、専用列車で行けるウランバートルを求めているというのだ。

ところが、米側の事情からシンガポール、ウランバートルのいずれも実現性に乏しい。

まず、トランプ大統領に駐シンガポール大使に指名されたキャスリーン・マクファーランド前大統領副補佐官（国家安全保障担当）が辞退したことだ。3カ月近く大使不在状態で、現在、国務省生え抜きのステファニー・シップタク＝ラマナス公使が臨時代理大使を務めている。

一方の駐モンゴル大使は、17年1月の政権発足後1年4カ月以上経つのに、政治任命による指名すら行われていない。

要は、シンガポール、モンゴル両国に米朝首脳会談準備の先頭に立つべき米国大使がいないのだ。

こうした米国の実情をいち早く察知して動いたのは文在寅韓国大統領。南北首脳会談が行われた板門店（軍事境界線の北朝鮮側の「統一閣」）開催案が連休中に急浮上したのである。

プレゼン風に言えば、次のようになる。①トランプ大統領、金正恩委員長両首脳はすでに韓国を訪れている、②在韓米軍の存在もあり、米側は警備面でも安心できる、③軍事境界線を韓国側に歩いて越えた金委員長からすれば、同様にトランプ氏は北朝鮮側に〝入国〟するのが筋だ――。

この板門店開催案に反発しているのは、実は日本と中国である。全世界が見守る世紀の一大イベントが韓国主導で実現することに警戒心を抱いているのだ。

安倍晋三首相は米朝首脳会談開催前にトランプ大統領と会い、改めて日米連携を確認しておきたい。米朝首脳会談が主要7カ国（G7）首脳会議（6月8～9日カナダで開催）後に設定されることが望ましいというのが本音である。

一方の習近平国家主席は、せっかく手に入れた北朝鮮の後ろ盾というポジションを失いたくない。

最後はトランプ氏の胸ひとつだ。安倍首相は大統領に帰途、日本に立ち寄ってもらうことを願うだけかもしれない。

8　米朝会談開催のカギとなった女性（2018・6・12）

6月12日午前10時（日本時間）、シンガポールのカペラホテルでドナルド・トランプ米大統領と金正恩朝鮮労働党委員長が会談する――。

この歴史的な米朝首脳会談開催に至るまでに行われた事前の高官協議で、外交関係者の注目を集めた一人の女性がいる。労働党統一戦線部の金聖恵策略室長（51）である。金委員長のトランプ大統領宛の書簡を持参した金英哲副委員長（統一戦線部長）の訪米（5月30〜6月2日）で、その存在がクローズアップされたのだ。

金英哲氏は北京経由でニューヨーク入りした5月30日夜、それまでに2回会談しているマイク・ポンペオ国務長官と会食した。そして金聖恵氏が表舞台に登場したのは翌日のポンペオ・金英哲会談からだった。

米側出席者は、ポンペオ国務長官、マーク・ランバート同省朝鮮部長、そして米側のキーマンであるアンドルー・キム米中央情報局（CIA）コリア・ミッションセンター長である。北朝鮮側出席者は、金副委員長、崔光一外務省北米局副局長、そして件の金聖恵氏であった（米朝双方の通訳が同席）。

金英哲氏一行が6月1日午前に米側が用意したSUVで陸路ワシントンに移動する頃から、

金聖恵女史が常に傍らにいることから俄然、耳目を集めるようになった。

トランプ大統領は同日午後、ホワイトハウス（ＷＨ）の大統領執務室（オーバルルーム）で金副委員長と約90分会談した。

金聖恵氏はトランプ・金英哲会談には同席しなかったが、その後トランプ大統領がＷＨ車寄せまで見送った際も離れないなど、明らかにカメラアングルを意識していた。

では、彼女の役割はいったい何なのか。一言でいえば、金委員長の妹、金与正氏の名代である。

金与正氏の公的肩書は労働党宣伝扇動部第1副部長に過ぎないが、実態は日本の官房長官である。その金与正女史が北朝鮮の事実上のナンバー2であり、「チーム金与正」が対米融和路線への大転換を主導してきたのだ。

そして同チームの実務責任者が金聖恵氏である。だからこそ、本来は対南（韓国）工作機関である労働党統一戦線部が米側の情報機関であるＣＩＡを事前協議の相手として受け入れているのだ。

米朝首脳会談の実現は、両国の情報・工作機関がお膳立てした。日本にはそうした組織がないため日朝首脳会談がなかなか実現しないと断じるのは言い過ぎだろうか。

9 トランプの握手・仕草は何を意味するのか（2018・6・19）

史上初の米朝首脳会談が終わった。その評価は様々あるが、本稿では少し違った角度から行う。

ドナルド・トランプ米大統領と金正恩朝鮮労働党委員長の会談前（ビフォー）と後（アフター）の握手、ボディランゲージを検証してみる。なぜならば、欧米社会では握手、あるいはボディランゲージ（体の動作や仕草）を通じて本音を探ることがよくあるからだ。

まず、星条旗と北朝鮮国旗が立ち並ぶホテル入口に両首脳が歩み寄って握手したシーンを想起してほしい。

握手外交に長けているトランプ氏は、絶妙なタイミングで先に手を差し伸べたのだ。通常は、主導権を握る目的で先に手を出した方が勝ちである。

だが、トランプ氏は握手と共に金氏の肩、そして二の腕に手を添えた。「目上、あるいは上手である」という意味があり、優位性と序列の確立を狙ってのことだった。

ただトランプ氏が、安倍晋三首相との19秒には及ばないが、金氏と12秒も握手したのは好きとまで言わないものの好意を抱いている証である。

トランプ氏は分かりやすい人だ。毛嫌いしている人物とは、握手しても露骨で相手の顔を見ない。直前のG7シャルルボワ・サミットで議長を務めたトルドー加首相との握手がそうだった。

次は、全世界のテレビ局が中継した米朝共同宣言調印直後のクライマックスである。ここでトランプ氏は十八番の「yank & pull」の握手を繰り出したのだ。これは握手の際に相手を強く自分に引っ張り込むことで力関係を強く印象付けること。

さすがに金正恩氏も予測していたのか、引っ張り込まれた瞬間、咄嗟に顔を背けて自分の手を引き戻そうとした。

自らが司会のテレビ番組を経験しただけに進行、取り仕切りに自信があるトランプ氏らしさが発揮された場面がもう一つ。

挨拶・握手に続く頭撮りを終えて、まさに首脳会談場に向かう時だ。トランプ氏は金氏の背中に手を添えて誘導した。この仕草は完全に優位性を確立した証である。

初対面からわずか3分後。トランプ氏はカナダからシンガポールに向けて発つ直前、金氏の真剣度は「最初の1分」で分かると語っていた。

「緊張緩和は進んだものの、北朝鮮の非核化で前進はなかった」（産経新聞社説）のは事実だが、トランプ氏は金氏とのディール（取引）に勝利したと感慨を胸に帰国したのも事実である。視聴率的観点からの勝利であるが。

10　米朝ホットラインの怪

（2018・6・26）

注目された米朝首脳電話会談は実現しなかった。

ドナルド・トランプ米大統領は6月15日夜（米国東部時間）、保守系ＦＯＸニュースのインタビューで、「父の日」（17日）の予定を問われ、「仕事だ。北朝鮮に電話する」と答えた。

さらにトランプ大統領は同インタビュー後、ホワイトハウス詰め記者団に対し、北朝鮮の金正恩労働党委員長が直接連絡できるように12日の首脳会談で自らの電話番号を伝えたことを明らかにした。「大統領の電話番号」を教えたということは米朝間にホットラインが開設されたと、ワシントンの外交関係者は受け止めたのである。

それは、よもやホワイトハウスの代表番号（２０２―４５６―１４１４）を通じて交換台に繋いでもらうということではあるまい。

「大統領の電話番号」とは何を意味するのか。国際電話回線を通じる大統領執務室の直通番号であってもホットラインと言えない。

かつて筆者ですら、クリントン政権時代のシークレット・サービス（大統領警護官）責任者の直通番号を持っていた。ちなみに、その番号は変更されて今は繋がらない。

では、ホットラインとは？　という疑問が浮かぶはずだ。

その解は、米朝首脳会談に向けた事前協議の責任者を務めたマイク・ポンペオ国務長官の電撃訪朝に求められる。

ポンペオ氏は米中央情報局（CIA）長官時代の3月下旬と、国務長官に就任してからの5月初旬の2回ピョンヤンを訪問、金正恩氏と会談している。

韓国系米国人のアンドルー・キムCIAコリア・ミッションセンター長がポンペオ氏訪朝に同行した。キム氏とカウンターパートである金聖恵労働党統一戦線部策略室長が事前協議の実務責任者であった。

注目すべきは、ポンペオ、キム両氏が5月9日に帰国した後も10人前後のCIA要員が平壌に残ったことである。

そう、彼らは盗聴防止の保秘電話システムを持ち込み、労働党本部の委員長執務室に設置したのではないか。だとすれば、まさに米朝ホットラインである。

5月初旬段階で当初予定していた米朝首脳会談の12日のシンガポール開催を確信していたことになる。

これまでに23回も電話会談した安倍晋三首相と同一視すべきではないが、「米朝首脳電話会談」は冗談だった。トランプ氏は終日、ゴルフに興じていたのだ。

11 「朝鮮戦争終結で合意」はあるか

（2019・2・5）

ドナルド・トランプ米大統領と北朝鮮の金正恩朝鮮労働党委員長の米朝首脳会談は、ほぼ間違いなく2月26～28日のいずれかに実現する。各国メディアの最大関心事は開催地である。18年6月12日のトランプ・金正恩会談はシンガポールで行われた。現在、ベトナムの首都ハノイでの開催が有力視されている（同国中西部の都市ダナン説もある）。

年初の米CNNテレビ報道で、トランプ政権の視察チームが2回目の開催候補地としてタイのバンコク、ベトナムのハノイ、米ハワイを訪れたことが明らかになった。

18年12月にベトナムを訪れた北朝鮮の李容浩外相は同30日、ハノイでファム・ビン・ミン副首相・外相と会談したが、同日にマーク・ナッパー米国務次官補代理（東アジア・太平洋担当）が極秘裏にハノイ入りした事実がある。

こうしたこともあり、ハノイ開催説が最有力とされているのだ。

現時点で少数派の見立てであるが、筆者は、実は朝鮮半島の軍事境界線がある板門店での開催の可能性があるとみている。

その可否は、スティーブン・ビーガン北朝鮮政策特別代表と金赫哲元駐スペイン大使による今後の米朝実務者協議の進展に懸かっている。具体的に言えば、2回目の首脳会談に向けて進められている「米朝共同宣言」の文言調整次第ということだ。

その文言に「朝鮮戦争終結で合意」が盛り込まれるのかどうかである。

先にワシントンを訪れてトランプ大統領に金正恩委員長の親書を手渡した金英哲副委員長（統一戦線部長）は帰国後の1月23日、同委員長に訪米報告を行った。

朝鮮中央通信が25日に配信した写真には満面の笑みを浮かべる金正恩氏が写っていた。

それだけではない。金英哲氏が持ち帰ったトランプ氏の返書について、同通信は「非常な決断であり、（金正恩氏が）高く評価した」と伝えている。

ハングルで「非常な」という言葉には、「途方もない」「予測できない」というニュアンスが含まれている。

つまり、金委員長はトランプ大統領との会談で「戦争終結」宣言まで持ち込める自信を深めたのではないか。

そこで浮上するのが、米朝首脳会談の板門店開催説だ。同地で戦争終結を高らかに謳うことができれば、まさに国際的な大ニュースとなる。

そして金正恩氏は米朝首脳会談後、その足で陸路ソウルに乗り込み、文在寅大統領との南北首脳会談に臨む——。

12 同じ船に乗るトランプ・金正恩（2019・2・26）

ドナルド・トランプ米大統領と北朝鮮の金正恩朝鮮労働党委員長は2月27、28両日、ベトナムの首都ハノイで2回目の首脳会談を行う。

世上では、米朝首脳会談はトランプ氏が前のめりで、金正恩氏のペースで進められるのではないかと懸念する向きが多い。

果たしてこの指摘は正しいのか、検証してみる。

注視すべきは、同首脳会談実現に向けて繰り返された米朝実務者協議の米側代表であるスティーブン・ビーガン北朝鮮政策特別代表が1月31日に米スタンフォード大学で行った講演（全文3800語）である。

その中でも注目すべき箇所は次のフレーズだ。

「トランプ大統領が金正恩委員長に（シンガポールで）会った時、堅固な経済開発が北朝鮮にどのような意味を付与するのかについてビジョンを示しました。それは、朝鮮半島の驚くべき資源を利用して構築される投資、外部との交流、そして貿易などの明るい未来と計画の成功のための我々の戦略の一部です」

キーワードは「驚くべき資源」である。

トランプ氏は2月8日のツイッターで首脳会談の開催地がハノイに決まったと明らかにした。と同時に、かつてミサイル実験を繰り返す金正恩氏を「ロケットマン」と揶揄したが、このツイッターでは「北朝鮮は違うロケットに、即ち経済のロケットになるだろう」と、ヨイショしたのだ。

では、困窮する北朝鮮経済を「経済のロケット」にする「驚くべき資源」とは、いったい何なのか。

米地質調査所（USGS）や日本貿易振興機構（JETRO）などの「資料」によると、北朝鮮は半端ない量のマグネサイト、タングステン、モリブデン、レアアースなどのレアメタル（希少金属）が埋蔵されているという。

さらに石油の埋蔵量も有望とされる。だが、「千三つ」（試掘井を千カ所掘削しても三カ所出るかどうかの確率）と言われるほど投資リスクが高く、高度の掘削技術が必要である。米国が構想しているのは、エクソン・モービルなど米石油メジャーとの共同開発なのだ。

一方のレアメタルについても、中国の習近平国家主席が進める「宇宙強国」構想に負けないためにも宇宙・航空産業が喉から手が出るほど欲しい。

遠くない将来、彼の地で採掘・精製施設建設まで実現できれば、計り知れない「利」が期待できる。地政学的に採算ベースに合うのだ。

トランプ、金正恩両氏は同床異夢であれ、取り敢えず同じ船に乗ろうとしているのだ。

第5章　日露関係は展望を開けたか

安倍晋三首相とロシアのウラジーミル・プーチン大統領は、会った初っ端から外交用語でいう「ケミストリー」（波長）が合う間柄となった。

安倍、プーチン両氏が初めて会談したのは第１次安倍内閣当時の２００６年11月18日、ベトナムの首都ハノイ。２人は同地で開催された第14回アジア太平洋経済協力（ＡＰＥＣ）首脳会議出席のためベトナムを訪れた。

だが、安倍・プーチン会談はわずか45分で終わった。それでも安倍首相はプーチン大統領に対して次のように語りかけたことが奏功したようだ。

《20年前、自分の父が外務大臣として、中断していた外相間の平和条約交渉を10年振りに再開し、これに全力で取り組んだが、自分も父の遺志を引き継いで、プーチン大統領と協力して、平和条約問題の解決を含め、日露関係の発展に取り組んでいきたいと述べた。これに対してプーチン大統領から、御尊父が外務大臣として両国関係に大きな貢献をされたと承知している

と述べた。》（同日付の外務省ホームページ）

日露首脳会談の冒頭発言が、その後の両首脳の揺るぎない個人的関係確立の契機となったのは事実である。両首脳は大阪で開かれた20カ国・地域（G20）首脳会議最終日の19年6月29日に会談したが、26回目のトップ会談であった。

では、焦点の日露平和条約協定・北方領土返還交渉に進展はあったのか。7月21日の参院選後間もない某日夜、知人との会食の席で進捗状況について尋ねられた安倍氏は次のように語ったとされる。

「昨年（11月14日）のシンガポール（での日露首脳会談）から後退している。プーチンは国内問題（経済悪化、支持率低下、ポピュリズムの台頭、領土返還に根強い反対論など）で厳しい対応を余儀なくされているからだ」

正直な答えである。一言でいえば、対露経済協力問題を含めて日露交渉の現状は停滞状況にある。果たしてトンネルに出口はあるのか。

その解を探る前に、これまでの交渉の経緯を検証する。明らかに大きな進展があったと思われたのは、16年12月に安倍氏の地元・山口県湯本温泉の「大谷山荘」で行われた安倍・プーチン会談であった。4時間40分に及んだ首脳会談の取材に傾注した筆者は、当時の交渉関係者の興奮ぶりを今でも鮮明に覚えている。

詳細は本章6を読んでいただくとして、報道されなかったが極めて重要な事実は安倍氏が当日深夜に同山荘別邸（音信）1階のバーに岸田文雄外相（当時）、世耕弘成経済産業・対露経済協力相、長谷川榮一首相補佐官、今井尚哉首相秘書官（政務）の4人を召集して、翌16日未明の1時30分頃まで飲んでいたということである。そして終始、上機嫌だったというのだ。

上機嫌の理由は、もちろん日露首脳会談4時間40分中1時間35分もの安倍、プーチン両氏のテ・タテ会談（通訳のみ、記録係は同席せず）で「条約」「領土」について進展させるとの言質（感触）を得た以外に考えられない。

その「進展」とは、後に明るみに出た「日露平和条約締結・北方2島先行返還」構想のことである。先述の18年11月の日露首脳会談は、シンガポールで開催された東アジア首脳会議（EAS 東南アジア諸国連合10カ国と日・米・中・露などの首脳が参加）の際に同地のシャングリ・ラ・ホテルで行われた。そして1時間半の会談の核心もまたテ・タテであった。

2年前に得た感触が確信に変わった瞬間だったはずだ。だからこそ、18年末から19年6月に大阪で開催されるG20首脳会議時の安倍・プーチン会談後に同構想合意の日露共同声明を発表、そして7月参院選に衆院選を重ねる衆参同日選の可能性が取り沙汰されるようになったのだ。

北方4島一括返還を主張する保守派だけでなく一部メディアや識者も強く反対していることから、安倍首相はその是非を国民に問うと衆院解散・衆参同日選に持ち込む腹積もりであったのは間違いない。

では、何が変わったのか。プーチン氏が直面する国内情勢である。「領土」で対日譲歩すれば、大統領支持率はさらに下がる。そうでなくても、ロシア各地で拡大・先鋭化する「反プーチン」のデモ・集会は警察力だけでは抑えきれないところまで来ている。

19年末までに9月のウラジオストクと11月のサンティアゴであと2回日露首脳会談が行われる。しかし、9月12日に予定される内閣改造で河野太郎外相が退き、世耕経済産業・対露経済協力相は参院自民党幹事長に転じる可能性が高く、日露交渉が仕切り直しになれば、着実な進展はまず考えられない。21年9月までの首相在任中に「日露平和条約締結・北方2島先行返還」が日の目を見ないとすると、安倍氏は父・晋太郎氏の遺志を引き継いだとしても志半ばで首相職を終えることになる。

1　安倍・プーチン会談実現のキーマン（2015・6・30）

当コラムに何度か登場した谷内正太郎国家安全保障局長（1969年外務省入省）のことである。

「積極的平和外交」を標榜する安倍外交における谷内氏の存在感が一段と高まってきている。

筆者はかつて「外交敗戦―谷内外務次官の研究」と題して『文藝春秋』（08年1月号）に一文を寄稿した。その中で、以下のようなエピソードを紹介した。

外務事務次官時代の06年10月、ブッシュ政権（子）のクラウチ大統領次席補佐官がワシントンを訪れた谷内氏をステーキハウスに招待した。

谷内氏はアメリカン・スクール（英語研修組）出身だが、実は英語は達者ではない。だが、夕食会での答礼スピーチの中味は、異例のものだった。

随行者が用意したペーパーを読まず、「私見だが」と断わりながら「日本は集団的自衛権の行使を必ず実現させる」と言い切ったのだ。米側出席者は一応に驚いた。

9年前の第1次安倍晋三政権下のことである。

95日間の大幅会期延長となった今通常国会中の安全保障関連法案成立に全力投球の安倍首相との距離感は、この一時をもって理解できるはずだ。

14年11月に北京で開催されたアジア太平洋経済協力（ＡＰＥＣ）首脳会議で安倍首相と習近平国家主席の日中首脳会談が実現した。

その伏線となったのが、その直前に行われた福田康夫元首相と習主席の会談であった。トリガーとなったのは事前に谷内氏が極秘裏に訪中、楊潔篪国務委員（外交担当・副首相級）と協議したことである。

谷内は7月中旬に再び北京を訪れ楊氏と会い、8月上旬発表に前倒しとなった首相の「戦後70年談話」の内容を説明するというのである。

それだけではない。来月初旬にはモスクワも訪れるというのだ。

谷内氏のロシアのカウンターパートであるパトルシェフ安全保障会議書記、そしてイワノフ大統領府長官と会談するという。最側近の両氏は共に、プーチン大統領同様にＫＧＢ出身である。

安倍首相は24日夜、プーチン大統領との電話会談でプーチン氏の年内来日を確認した。「プーチン年内訪日」に難色を示すオバマ米大統領の意向を知る安倍首相は敢えて決断したのだ。

プーチン大統領は最近、ロシア経済が回復の兆しが見え始めたことから自信を深めている。

そして安倍・プーチン会談は年末を待たず9月の国連総会時に実現するかもしれない。すべては谷内氏の手腕次第である。

2　外交成果で安保法制危機打開をねらう政府・自民党

（2015・7・7）

安倍晋三首相が政治生命を賭ける平和安全法制関連2法案の国会審議に暗雲が立ち込め始めた。

衆院憲法審査会（会長・保岡興元法相）に自民党推薦参考人として出席した長谷部恭男早稲田大学教授の「違憲発言」で潮目が変わった。イングランド並みの与党のオウンゴールである。

さらに、安倍首相の最側近を自任する萩生田光一自民党筆頭副幹事長が結集した勉強会で噴出した「マスコミ圧力」発言が追い討ちをかけた。

前者は、集団的自衛権の行使のためには憲法改正が筋だと考える保岡氏と船田元・自民党憲法改正推進本部長が敢えて長谷部教授を招請したとの「陰謀論」が出る始末だ。

安保法制関連法案を成立させるためには、計4回の（衆参院平和安全法制特別委員会と本会議）の強行採決をしなければならない。

最初のハードルは、衆院特別委と本会議採決である。安倍官邸と与党国対は当初、7月13日の週の採決を考えていた。

ところが、想定外の「ポカ」続出のため採決時期は27日の週にずれ込みそうだ。

加えて、官邸内に「60年安保の再来」を真剣に危惧する声が出始めるほど、週を重ねる毎に安保法制反対のデモが全国規模で増加しているのだ。

この「存立危機事態」の中で、政府・自民党が期待するのは外交成果による危機打開である。6日に首相の外交ブレーン、谷内正太郎国家安全保障局長が訪露する。プーチン大統領の側近であり、大統領府の事実上の官房長官であるパトルシェフ安全保障会議書記と会談するためだ。テーマは「プーチン年内来日」だが、焦点はその前に安倍・プーチン会談が実現できるかどうかである。

朝日新聞（6月25日付朝刊）は「日ロ、9月に首脳会談案」と題し、安倍首相が9月下旬の国連総会でプーチン大統領と会談する案が浮上したと報じた。

一方、読売新聞（30日付夕刊）は、ロシアの大統領報道官が11月中旬トルコで予定される主要20カ国・地域首脳会議（G20サミット）に合わせた首脳会談の見通しを示したと報道。両紙のバッティングだ。実は、国連総会時のトップ会談は相手がプーチン大統領ではなく韓国の朴槿恵大統領だという。

ハッキリしていることは、「秋口」に日露首脳会談が実現するということである。果たして「日露」で内閣支持率の低下を相殺できるのか、不透明である。

3　領土問題進展に傾注した父・晋太郎

（2016・2・2）

昨年末の本コラムで、杉山晋輔外務審議官（政務・1977年入省）が対ロシア交渉から外され、原田親仁前駐露大使（74年）が専任大使に就任すると書いた。

予測通り、原田氏は1月22日付で日露関係担当大使及び新設の政府代表（ロシア担当）に起用された。

これまでに、谷内正太郎国家安全保障局長（69年）が外務事務次官退任後の麻生太郎政権時に米国、ロシア、中国、北朝鮮など外交全般担当、そして飯村豊元駐仏大使（同）が中東担当の政府代表に任命されたケースがある。

同ポストは閣僚級である。原田氏は2015年12月22日午後、斎木昭隆外務事務次官（76年）と共に首相官邸に赴いた際に、安倍晋三首相から内示を受けていた。

安倍首相が北方領土問題の進展に強い意欲を持っていることは周知の事実である。

奇しくも人事発令日の22日夕、安倍首相はロシアのプーチン大統領と電話で協議し、同氏の日本公式訪問前に非公式に訪露することで一致した。

この合意に基づき、原田政府代表は2月15日、モスクワでモルグロフ外務次官と会談する。

ラブロフ外相が1月26日の年頭会見で「日露平和条約締結は領土問題の解決と同義ではない」

と発言していることから、ラブロフ外相との会談は難しそうだ。

それでは、いつ安倍首相はロシアを訪れ、プーチン大統領との非公式会談に臨むのか。

安倍・プーチン電話会談翌日の新聞各紙は「今春、地方都市」と報じた。

確かに、一時期は3月に週末を利用してロシア極東地域のウラジオストクかハバロフスクで日露首脳会談が行われるとの見方が支配的だった。

だが、安倍首相は5月の大型連休中にG7メンバー国の英・独・仏・伊の4カ国を訪問するが、その前後にサンクトペテルブルクかソチに立ち寄りプーチン大統領と会談することになるだろう。

安倍首相の父・晋太郎元外相は亡くなる直前まで領土問題の進展に傾注した。今年の5月15日は、晋太郎氏没後25年の節目である。

さらに言えば、日本が旧ソ連と国交回復に関する共同宣言調印（鳩山一郎首相・ブルガーニン首相）60周年でもある。

安倍首相は、2015年が日米安保条約改定から55年、自民党誕生から60年の節目であり安保関連法を成立させた。

ロシアが経済不振に苦しむ今年こそが絶好のチャンスと断じているのだ。

4 日露は動く（2016・8・23）

少し前のことだが、産経新聞（8月13日付朝刊）に「露大統領府長官にワイノ氏―元日本大使館員、『新世代の側近』抜擢」という記事が掲載された。

同紙モスクワ特派員の送稿記事の末尾に、恐らく本社デスクが書き加えたであろう以下の件が正鵠を射たものである。

「日本政府関係者は、『大統領府が中心となって北方領土交渉に臨んでくる』と〝知日派〟のワイノ氏の長官就任を前向きにとらえていることを明らかにした」

その通りである。筆者は、実は4年前の当コラム2月21日付に「ロシア対日政策のカギを握るワイノ官房長官」を書いている。

大統領府（クレムリン）の新長官アントン・ワイノ氏（44）は、モスクワ国際関係大学（日本語専攻）卒業後、外務省に入省。在日ロシア大使館勤務などを経て、大統領府儀典第1課長、首相府儀典長官、同官房長官、大統領府副長官を歴任し、8月12日付で長官に抜擢された。

前任者のセルゲイ・イワノフ氏は、プーチン大統領と同じ旧ソ連国家保安委員会（ＫＧＢ）出身で、最側近とされた人物。

イワノフ氏解任の理由は３つある。①リオ五輪前に発覚したドーピング問題で側近の誰かに責任を取らせる必要があった、②プーチン周りの旧KGB出身者と実務能力のある官僚との権力抗争、③息子がいないプーチン氏が実の息子のように可愛がっている——が挙げられる。

ロシアは2年後の18年春に大統領選挙が予定されており、この9月には下院選挙が実施される。

プーチン氏が再選を目指すのか、それとも自身は立候補せず院政を敷く腹積もりなのか、現時点では不透明である。

ただ、今回の人事でハッキリしたのは、ワイノ氏が「ポスト・プーチン」が有力視されるセルゲイ・ショイグ国防相(61)の後継候補に躍り出たということだ。

そのワイノ氏が、日本で言えば、内閣官房長官に相当する大統領府長官に就任したのである。

まさに産経新聞が指摘したように、安倍晋三首相が9月2日からウラジオストクを訪れてプーチン大統領と会談する前に、クレムリンからシグナルが発信されたのだ。

これを受けて安倍首相は日露首脳会談で、対露経済協力の目玉として、ロシア人の平均寿命向上のための総合的かつ具体的な案件をプーチン大統領に提示する。好感しないはずがない。

日露は動く。

5 トップ会談通訳の果たす役割

(2016・11・29)

11月19日午後（現地時間）、ペルーの首都リマで行われた安倍晋三首相とプーチン・ロシア大統領の首脳会談をテレビニュースで観た方が多かったはずだ。

筆者も同じ感想を持ったが、両首脳の背後に控える双方の通訳はいったい誰ですかとの問い合わせをいただいた。

安倍首相、プーチン大統領両首脳の通訳がともに〝イケメン〟なのだ。

普通、報道ではその名前は明かさない。だが、本コラムは「インサイド」と銘打っているので許してもらう。

安倍首相の通訳を務めたのは、外務省欧州局ロシア課の城野啓介事務官（2004年入省）である。いわゆる「専門職」の方で、ロシア語の使い手として省内ピカ一。

ウェーブがかかった髪はロンゲ、長身でスリム。どう見ても外務官僚というタイプではない。彼とすれ違う女性職員は思わず振り返るという。

一方のプーチン大統領の通訳を務めたユーリ・サプリン駐日参事官も負けていない。ロシア人にはめずらしくスラリとした長身の同氏もまたナイスルッキングである。縁なしメガネが好印象を与える。

父親の仕事から16歳まで東京・狸穴の在日ソ連大使館内で育ったサプリン氏の日本語は完璧だ。空手と剣道が大好きの親日家である。サプリン氏は、5月7日のロシア南部ソチ、9月2日の極東ウラジオストクでの日露首脳で通訳した後の9月中旬、駐日参事官として東京に着任。城野、サプリン両氏は12月15日の山口県長門市での安倍・プーチン会談の通訳を務める。ところで、外交用語に「テ・タテ tete-a-tete」という言葉がある。記録係も同席させず通訳のみの非公式首脳会談のこと。

安倍首相は17日にドナルド・トランプ次期米大統領とニューヨークのトランプタワー最上階の自宅で会談したが、これも「テ・タテ」であった。トランプ氏側の要請で長女イバンカさん夫妻とマイケル・フリン次期大統領補佐官（国家安全保障担当）が同席するというハプニングがあった。

そして、安倍首相に同席した通訳が高尾直国際法局条約課首席事務官（03年）。同氏は東京大学法学部卒業の超優秀なキャリア官僚。

一方、安倍首相が中国の習近平国家主席との会談の通訳は岡田勝総合外交政策局外交政策調整官（89年）である。ＫＤＤを経て専門職として入省、優秀な働きぶりからキャリア職に編入された変り種だ。

トップ会談通訳の果たす役割は大きい。

6　日露首脳会談「密約」の中身

（2017・4・4）

安倍晋三首相は5月の大型連休直前の4月27日、ロシアを訪れる。モスクワかサンクトペテルブルクのいずれかでウラジーミル・プーチン大統領と会談する。

安倍首相の訪露を控えた3月24日、世耕弘成経済産業・対露経済協力相は来日したオレシキン経済発展相と首相官邸で会談した。

テーマが対露経済協力や北方領土での共同経済活動の具体化へ向けた協議だったので、両氏が会談したのは経済産業省ではなく首相官邸だった。

そして世耕・オレシキン会談前の18日に秋葉剛男外務審議官（政務）とモルグロフ外務次官の次官級協議、20日には日露2＋2会談（岸田文雄、ラブロフ両外相、稲田朋美、ショイグ両防衛相）が開催された。

こうした一連の日露交渉はもちろん、北方領土返還・平和条約締結に向けてのものだが、想起すべきは2016年12月15日の4時間に及んだ日露首脳会談中の95分間の安倍・プーチン両氏のテ・タテ会談である。

翌日の新聞各紙一面トップは「領土で進展なし」の大見出しで一致した。

だが、日露双方の通訳のみで記録係を同席させないテ・タテ会談の中身は公式文書として残らない。「密約」が可能なのだ。

日露首脳会談が行われた山口県長門市の温泉旅館「大谷山荘別邸」の一階にバーがある。安倍首相は、同日夜11時28分に終わったプーチン大統領らとのワーキングディナー後、自室でカジュアルに着替えてから、このバーに岸田外相、世耕経済産業相、今井尚哉首相秘書官（政務）、長谷川榮一首相補佐官を呼び出し、翌日未明の1時30分頃まで飲んだという。そして終始、上機嫌であったとされる。

18日の秋葉・モルグロフ会談に長谷川補佐官も同席した。長谷川、今井両氏は旧通産省（現経産省）出身、そして世耕氏は経産相である。

奇しくも世耕・オレシキン会談が行われた24日、原田親仁政府代表・日露関係担当大使が辞職した。今後の対露交渉の実務責任者は秋葉外務審議官だ。

その原田氏は三井物産顧問に就任する。同社は、約30の対露協力事業の中でも北極圏の液化天然ガス（LNG）開発でガス大手ノバテクと連携、製薬大手アールファームと食料大手ルスアグロへの出資など最も積極的だ。

そして日露両首脳は、対露経済協力と北方4島での共同経済活動の進展を前提に歯舞・色丹両島の「引き渡し」で合意していたのではないか。

7 安倍発言でわかった北方領土問題「進展のカギ」（2018・6・4）

安倍晋三首相のロシア訪問（5月24〜27日）に関するマスコミ各社の報道・記事に接し、不思議に思ったことがある。

安倍首相は26日午後（現地時間）、ウラジーミル・プーチン大統領とクレムリン（大統領府）で会談した。21回目の日露首脳会談後の共同記者発表要旨は報じられたが、筆者が強い関心を抱いた首相発言に言及したメディアは1社もなかった。

その首相発言の伏線は、前日午後のサンクトペテルブルク国際経済フォーラムで示唆されていたのである。

安倍首相はホストのプーチン大統領以下、ゲストのフランスのマクロン大統領、中国の王岐山副主席らを前にスピーチしたが、興味深い内容は次の件である。

「日本とロシアに永続的な安定が生まれたとき、世界はどうなっているでしょうか。そのとき、北極海からベーリング海、北大西洋、日本海は平和と繁栄の海の幹線道路になるでしょう。対立の原因だった島々は物流の拠点として新たな可能性を見いだし、日露協力の象徴へと転化するでしょう。〈中略〉北極海から日本海、行き交うものを想像してください。ヤマル始め、北極海ガス田が生むＬＮＧがそのひとつになることは疑いをいれません。〈以下略〉」

前田匡史国際極力銀行（ＪＢＩＣ）総裁・ＣＥＯは、この首相スピーチを聞いて驚いたと言う。首相がここまで踏み込んだ言及をするとは思っていなかったからだ。日露首脳会談拡大会合で安倍首相はプーチン大統領に対し、ヤマル半島産出の天然ガス開発に日本企業がプラント建設や融資で貢献していることを改めて指摘したのである。

現時点ではＦＳ（事業化の可能性調査）段階だが、同天然ガスを大型砕氷船で北極海航路を通じてカムチャッカ半島まで運び、同地をハブとして建設する液化工場・港湾施設で大型ＬＮＧタンカーに積み替えて日本などに輸出するという構想だ。

ロシアのノバテク社をプライムとする同プロジェクトには日本側から三井物産、商船三井が関与している。

トランプ米政権がこだわる対日貿易赤字解消問題で北米産シェールガス輸入案が浮上しているが、パナマ運河経由で日本に搬送するのに24日間かかる。しかし、北極海航路使用では16日間ですむ。

プーチン戦略は西（欧州）から東（アジア太平洋）へのパワーシフトである。北方領土問題進展のためのキーワードは、実は「北極海航路」なのだ。

8 日露交渉「空白の10年」を打開できるか（2018・11・20）

23回目の安倍晋三首相とウラジーミル・プーチン露大統領の首脳会談は、11月14日にシンガポールのシャングリ・ラ・ホテルで行われた。

1時間半に及んだ日露首脳会談の肝は、両首脳の差しの会談（テ・タテ＝通訳のみ）である。想起されるのは、16年12月15日の首相の地元・山口県長門市で行われた日露首脳会談である。その内訳は日露双方少人数会合75分、テ・タテ95分、関係者を含めた夕食会110分で、トータル4時間40分だった。

しかし、当時の新聞各紙は「日露首脳会談、領土問題で進展なし」で一致、否定的な扱いだった。

だが筆者は、夜11時28分に終わった夕食会後、安倍首相が宿泊した旅館別館のバーに岸田文雄外相（当時）、世耕弘成経済産業相、長谷川榮一首相補佐官、今井尚哉首相秘書官（政務）を呼び、翌日午前1時半近くまで飲んでいたことを書いた。

終始上機嫌だった安倍首相は件のテ・タテでプーチン大統領から平和条約締結・北方領土問題について「進展」の感触を得たに違いない、とも。

今回も同じだ。産経新聞（11月16日付朝刊）が一面トップに「首相提案で交渉前進―平和条約、来年6月合意目指す」の見出しを掲げた報道が首脳会談の真相である。

すなわち、19年6月下旬に大阪で開催される主要20カ国・地域（G20）首脳会議出席後、プーチン大統領は同30日に東京で安倍首相と会談する。そして両首脳は「平和条約締結・北方2島先行返還」で合意の日露共同声明に署名するはずだ。

さらに言えば、各紙報道「年明けにも首相がロシア訪問」は、1月23日にスイスのダボス会議出席の前にモスクワに立ち寄り、改めて詳細を詰めるということである。

要は、今回の安倍・プーチン会談がそれほど重要な意味を持つということだ。

その原点は、1956年10月の「日ソ共同宣言」（鳩山一郎首相とブルガーニン・ソ連首相が調印）と2001年3月の「イルクーツク声明」（森喜朗首相とプーチン大統領が署名）である。

ところが、小泉純一郎政権下の02年10月の日露外相会談で川口順子外相がイワノフ外相に「イルクーツク声明」の取り下げを通達、その後の日露交渉の「空白の10年」となった。

安倍首相は11月8日、実は官邸で会談した鈴木宗男新党大地代表に対し「日露は大きく動く」と語っていた。それは19年7月の参院選を視野に入れているということである。

第6章 「外交の安倍」の虚実

第2次安倍内閣が発足して6年7カ月。2019年8月初め時点で、安倍晋三首相が訪問した国・地域は延べ167に達している。6月12〜14日にイランを訪問したことで訪問回数は75回に及んだ。

これからも、8月24〜26日にフランスのビアリッツで開催される主要7カ国（G7）首脳会議、9月4〜6日にロシアのウラジオストクで開かれる第5回東方経済フォーラム、9月17〜30日にニューヨークの国連本部で開催される国連総会、11月16〜17日にチリの首都サンティアゴで開かれるアジア太平洋経済協力（APEC）首脳会議に出席する。

安倍首相は19年1月に召集した第198回通常国会の施政方針演説の中で次のように述べた。

「我が国の平和と繁栄を確固たるものとしていく。そのためには、安全保障の基盤を強化すると同時に、平和外交を一層力強く展開することが必要です。この6年間、積極的平和主義の旗の下、国際社会と手を携えて、世界の平和と繁栄にこれまで以上の貢献を行ってきた。地球儀を俯瞰する視点で、積極的な外交を展開してまいりました。〈後略〉」

「安倍外交」の要諦に係わるキーワードは幾つかあるが、実はこの短いセンテンスに凝縮されている。用語を並べると、「積極的平和主義」、「平和と繁栄」、「地球儀俯瞰」、そして「安全保障」である。

第1次安倍内閣の06年11月、麻生太郎外相（現副総理・財務相）が新たな外交戦略として「自由と繁栄の弧」構想を提唱した。「価値観外交」と称されたこの外交戦略の産みの親は谷内正太郎外務事務次官（現国家安全保障局長）と兼原信克総合外交政策局総務課長（現国家安全保障局次長・官房副長官補）の2人だ。当時、国内外の外交関係者の間で「対中包囲戦略」と指摘された。

安倍首相は16年8月、ケニアの首都ナイロビで開催された第6回アフリカ開発会議（TICAD）の基調講演で「自由で開かれたインド太平洋戦略（Free and Open Indo-Pacific Strategy）」を打ち出した。他方、同戦略は秋葉剛男総合外交政策局長（現外務事務次官）と市川恵一同局総務課長（現駐米公使・政務担当）の2人が起案したのである。

こうして見ると分かるように、「安倍外交」のコンセプトメーカーは、安倍首相の外交ブレーンである谷内氏を頂点とする外務省旧条約局（現国際法局）の局長・審議官・課長経験者である「条約マフィア」なのだ。当該者はこうしたレッテル貼りを嫌がるが、ジャーナリズム界では普通に通用するし、それよりも読者の理解を助ける表現である。

だいぶ前のことだ。市川氏からインド太平洋戦略についてブリーフィングを受けたことがあった。当時の筆者の取材メモに次のように記されている。

「法の支配に基づく自由で開かれたインド太平洋戦略は三本柱‼①法の支配、航行の自由、②経済的繁栄の追求（東アジアから中東・アフリカまでのインフラ整備、貿易・投資）、③平和と安定の確保（海洋法執行能力支援で中国に圧力？）」

いま読み返してみると、市川氏のブリーフィングが極めて的確、かつ現在を予言していたことを改めて知る。外務省は当時、この新戦略は決して中国の習近平国家主席が打ち出した広域経済圏構想「一帯一路」に対抗するものではないと、繰り返していた。

だが、習氏が主導する「一帯一路」は「中国製造（Made in China）２０２５」同様、中国を名実ともに米国に並ぶ「超大国」にするための壮大な国家戦略だ。その習近平戦略に対抗するものではない、との強弁は無理筋である。

ところで安倍政権の対韓輸出管理強化措置に端を発した日韓関係の悪化は修復不能に見えるが、実は先述の「法の支配」というワーディングで括られる「安倍外交」の根幹にかかわる極めて重要な問題なのだ。

そもそも論でいえば、なぜ日本は友好国である韓国を貿易管理上の優遇措置の対象国「ホワイト国」（現在は「Aグループ」と言い換えている）から外したのか、である。トリガー（引き金）となったのは、18年10月30日と11月29日の韓国大法院（最高裁判所）判決だった。「元徴用工」問題である。新日鐵住金（当時）、三菱重工に対して元徴用工問題に関し損害賠償の支払等を命じたのだ。

だが、1965年の国交正常化の際に締結された日韓基本条約関連の「日韓請求権協定」は無償3億ドル、有償2億ドルの経済協力を約束する（第1条）とともに、「両締約国及びその国民（法人を含む）の財産、権益及び利益並びに両締約国及びその国民の間の請求権に関する問題が……完全かつ最終的に解決された」ことを定めている（第2条）。安倍政権の基本的な立ち位置はこの法の支配を逸脱することは断じて認められないというものである。

一方、文在寅大統領は8月2日の緊急臨時閣議で日本統治の歴史を喚起させるべく「厳しい状況にある我々の経済に困難が加わった。だが我々は二度と日本に負けない」と、事実上の宣戦布告（負けない宣言）を行った。安倍、文両氏はもはや後戻りできない。

しかし安倍首相は今、退路を断ち、自らが提唱する法の支配に基づく国際秩序確立に傾注している。国際社会の安定と繁栄の礎となる秩序形成に向かう道から逸れるという選択肢はないということである。それはまさに、安全保障の観点から経済外交を推進する安倍首相にとって譲れない一線なのだ。

1　ＡＩＩＢをめぐる情報収集・分析力のお粗末ぶり

（2015・4・18）

中国主導で設立されるアジアインフラ投資銀行（ＡＩＩＢ）参加見送りが大きな波紋を呼んでいる——。

特に問題視されているのは、主要7カ国（Ｇ７）メンバーでは英国が初めて3月12日にＡＩＩＢ参加を表明したが、外務省と財務省が事前に察知できなかったことである。それからわずか5日後、ドイツ、フランス、イタリアが揃って参加を決めた。情報収集・分析力の〝お粗末さ〟が露呈したと言っていい。

この間の経緯をおさらいする。習近平国家主席が中国からアジアを経て欧州、アフリカまでを陸と海で結ぶ「新シルクロード構想」に基づくＡＩＩＢ創設を提唱したのは２０１２年10月。キャメロン英首相は翌13年12月に中国を公式訪問し、さらに14年3月にオランダのハーグで開催された核サミットでも習近平・キャメロン会談が行われている。

中国がＧ７の中で英国を狙い撃ちしたのは明白である。こうした動きを、所管のアジア大洋州局中国・モンゴル第一課を中心とする外務省は把握できなかった。「日本外交の完全敗北」（江田憲司維新の党代表）とされる所以である。

だが、財務省の責任も小さくない。

同省は、アジア開発銀行（ＡＤＢ　本部マニラ）の歴代総裁を独占的に輩出している。初代の渡辺武総裁（１９３０年旧大蔵省）から現在の中尾武彦総裁（80年）まで９人全員だ。資本金１０００億ドル（約12兆円）の過半を拠出し、本部を北京に置き、初代総裁も金立群・元財政次官とされるＡＩＩＢの出現は、ＡＤＢの存在を脅かしかねない。

そうした背景が、財務省の〝ＡＩＩＢ軽視〟の底流にあり、情報収集・分析を曇らせたのではないか。

一方の外務省もまた「日米同盟」重視するあまり、戦後の米国中心の金融秩序への挑戦と受け止めるオバマ米政権を慮って「欧米主要国の参加はない」との情報を官邸に上げていたのだろう。

霞が関の「国家官僚」を自負する外務、財務両省が見誤ったのである。

財務省は今、安倍晋三首相のアジアアフリカ会議60周年首脳会議出席と訪米後の６月初旬に北京で開催される日中財務対話に焦点を絞っている。

麻生太郎副総理・財務相以下主計、主税、国際局長、中国側は楼継偉財政相、張少春、朱光耀両次官らが出席する。

そこで日本のＡＩＩＢ参加を見極める腹積もりなのだ。

2 安保法案審議の陰でサプライズ計画（2015・6・2）

在京外交団の中で今、「モンゴル・ファクター」が話題となっている。

安倍晋三首相がモンゴルのエルベグドルジ大統領とケミストリー（波長）が合うことは周知の通り。

同大統領は、2014年4月、7月、9月に来日し、安倍首相と会談している。

5月20日夜、安倍・エルベグドルジ会談が首相官邸で行われた。この1年3カ月で4回の日本訪問である。

両氏はウマが合うにしても、外交上、異常に高い頻度である。

14年9月29日には、国連総会出席の帰途、東京に立ち寄ったエルベグドルジ大統領は東京・富ヶ谷の安倍私邸を訪問、食事を共にしている。

この時の訪日目的は、実は安倍首相の紹介で慶応大学病院に極秘検査入院するためだった。モンゴル国内では秘匿できないからだ。

では、今回の訪日目的は何だったのか。第21回国際交流会議「アジアの未来」に招待され、スピーチを行った。この機を利用しての首脳会談ではあったが、問題はそのテーマである。

エルベグドルジ来日直前の5月14～16日、最側近の今井尚哉首相秘書官（政務担当）が極秘裏にウランバートルを訪問していたのだ。

安倍首相は首脳会談でモンゴルのインフラ整備支援を要請された。

その中身についての詳細を事前に把握するためモンゴル政府・議会トップから直接話を聞くために訪問したのだ。鉄道建設計画である。

モンゴルは有数の石炭産出国で、膨大な埋蔵量が確認されているタバントルゴイ炭鉱がある。だが、鉄道が未整備のため輸出ができない。

その実現のためには、まずタバントルゴイからサインシャンダ（約450km）に新規鉄道を建設し、そして同地から既存鉄道（単線・非電化）でウランバートルを経てロシアのウランウデでシベリア鉄道に乗り入れることになる。

この既存鉄道1300kmの電化を一日も早く実現したいというのだ。もちろん、将来の複線化も希望している。

この鉄道建設要請話だけではなかったと、筆者は見ている。

14年3月、拉致被害者の象徴である横田めぐみさんの両親、横田滋・早紀江夫妻はウランバートルで孫娘のキム・ヘギョンさんと涙の面会を果たした。

7月末までに同地で再会、孫娘を連れて帰国し、暫くの間、同居する——サプライズ計画を官邸は模索しているのだ。もちろん、不人気の安保法制国会審議対策である。

3 新幹線輸出をめぐり中国と火花（2015・9・1）

読売新聞（8月26日付朝刊）は「ジャワ鉄道受注、中国巻き返し—巨額融資インドネシア絶賛」の見出しを掲げ、以下のように報じた。

《インドネシア政府が進めるジャワ島の高速鉄道計画をめぐり、有力とされてきた新幹線方式の受注を目指す日本に対し、中国が猛烈な巻き返しを図っている》

筆者は、この見出しに違和感を覚えた。先行していた日本は中国に逆転され、今、巻き返しを図っているのは日本である。

この構想とは、第1次計画がジャカルタ～バンドン（約140km）、そして第2次計画としてバンドンから第2の都市スラバヤまで延長（約590km）するというものだ。

そもそも同計画は、ユドヨノ前政権時代に浮上し、日本側が非公式にFS（事業可能性の検証）を行ってきた。

ところが2014年10月、ジョコ政権が発足してから情勢は一転した。ジョコ大統領が今年3月に訪中した際、中国側とFS契約に調印したのだ。

そこに追い討ちをかけたのが、8月12日の内閣改造であった。親日派のゴーベル貿易相が更迭されたのである。

危機感を抱いた官邸は20日、急きょ和泉洋人首相補佐官（元国土交通省住宅局長）と、ジョコ政権中枢にアクセスがある前田匡史国際協力銀行（ＪＢＩＣ）代表取締役専務をジャカルタに派遣した。

両氏は、総事業費約６６００億円の全額を年利２％で融資するという好条件の中国へのカウンターアタックとなる「秘策」を携えてジャカルタ入りしたという。巻き返しを図っているのは、実は日本なのだ。

日本の巻き返しは奏功するのか。インドネシア政府は今月末までに発注先を決定する。

高速鉄道計画で言えば、朗報もある。ＪＲ東海主導で進められている米国テキサス州が導入を目指す超高速鉄道計画が現実味を帯びてきたのだ。

ダラス〜ヒューストン（約４００km）に新幹線を導入する同計画は、リチャード・ローレス元国防副次官がＪＲ東海の出資受けて設立した米日高速鉄道社（ＵＳＪＨＳＲ）が推進している。

アジアではタイ、マレーシア、インドでも高速鉄道計画が進んでいる。タイは総事業費約１兆６０００億円でバンコク〜チェンマイ（約７００km）、マレーシアが約１兆３０００億円でクアラルンプール〜シンガポール（約３５０km）に建設するというものだ。

こちらも中国とバッティングしている。「日中衝突」は何も政治だけではない。

4　安倍首相中央アジア歴訪の裏（2015・10・27）

安倍晋三首相は今、中央アジア5カ国歴訪（10月22～28日）の途上にいる。トルクメニスタン、タジキスタン、ウズベキスタン、キルギス、カザフスタン各国を訪問中だが、安倍首相は先立つ22日午後（現地時間）、モンゴルに立ち寄った。首都ウランバートル滞在がわずか4時間弱という慌しい日程だった。

安倍首相はエルベグドルジ大統領と波長が合い、両氏が極めて緊密な関係にあることは周知の通り。

第2次安倍内閣は2012年12月に発足。安倍首相は翌年3月にモンゴルを訪れた。その後、エルベグドルジ大統領は同年9月、14年7月、そして今年5月、トータル3回来日した。安倍首相のモンゴル訪問は今回で2回目。

さらに両者は、昨年と今年の国連総会時にも会談しており、この2年10カ月の間に7回の首脳会談を行っているのだ。

日本語の「波長」は外交用語で「ケミストリー」と言うが、安倍、エルベグドルジ両氏はまさに「ウマが合う」間柄だ。

事実、エルベグドルジ大統領は安倍首相に対し、「迎賓館に夫婦で訪れて下さった外国首脳は安倍総理・昭恵夫人が初めてです」と述べたほどだ。

さらに安倍首相とサイハンビレグ首相との会談では、「日本・モンゴル経済協力覚書」の署名を交わした。

注目すべきは、日本が、項目（3）に盛り込まれた①同国最大のタバントルゴイ炭田開発と②計画中の東進鉄道建設に全面協力するということである。
①と②はリンクしている。同炭田で産出する良質石炭を日本に輸出するために、まずタバン・トルゴイ～サインシャンダまでの約460㎞の「南線」を建設し、その後、サインシャンダからロシア国境近くのエレンツァブまで約850㎞の「東線」を建設する。
同国南北を走る既存のウランバートル鉄道は旧ソ連が敷設した単線・非電化だが、新規鉄道は単線・電化である。

インフラ整備が遅れている同国だが、先の覚書の項目（2）に「日本企業による自らの関心に基づいた、モンゴルにおけるインフラプロジェクト参加」という件がある。

国際協力銀行（ＪＢＩＣ　渡辺博史総裁）の予算を含め、オールジャパンで「日本にとり重要な天然資源の供給源の多様化」を実現するというものだ。

一点、「モンゴル・ファクター」による拉致問題の進展がなかったのは残念だった。

5 日本・トルコの〝絆〟で光を（2015・11・10）

11月2日にトルコ国会（定数550）の出直し総選挙が実施され、与党・公正発展党（AKP）が圧勝、過半数を制した。6月の前回選挙で過半数割れに追い込まれたAKPだが、エルドアン大統領が強権を発動し、急きょ国会を解散・総選挙が厳戒態勢の下で行われたのだ。総選挙前、AKPは苦戦が伝えられていたが、エルドアン大統領の強硬策が奏功したことになる。

そのトルコの地中海に面した観光都市アンタルヤで11月15〜16日、20カ国・地域（G20）首脳会議が開催される。

さて、G20首脳会議のテーマである。一にかかって低迷する世界経済に尽きる。想像以上の経済減速と株価暴落で世界経済を揺さぶり続けた中国ショックは、中国共産党5中全会を通じて底を打ったかに見える。

独フォルクスワーゲン（VW）の排ガス不正問題に端を発した欧州経済の失速も、先にドラギ欧州中央銀行（ECB）総裁が12月初旬の追加金融緩和を示唆したことで、それなりに光明が見えたと言っていい。

一方、米国経済は、イエレン米連邦準備理事会（FRB）議長の9月利上げ見送りの背景にあるドル高・輸出低迷不調＝景気減速状態にある。

原油安の影響をモロに受けたロシア、対中輸出依存が高いオーストラリア、そして東南アジアなど新興国の経済もまた極めて悪い。

要は、世界経済の先行きは不透明ということだ。

そうした中、安倍晋三首相はトルコを訪れる。首相とケミストリーが合うエルドアン大統領とのトップ会談は、第２次安倍内閣が発足後５回目である。

今年は日本・トルコ友好１２５周年。まさに記念に相応しい話題がある。両国合作の映画「海難１８９０」（12月５日公開）のことだ。

１８９０年（明治23年）、オスマン帝国の親善訪日使節団を乗せた軍艦「エルトゥールル号」が和歌山県樫野崎（現串本町）沖合で台風に遭遇、沈没した。だが、地元住民の献身的な救助活動で69人が助かった。

それから時を経た１９８５年３月。イラン・イラク戦争が勃発、イラクはイラン上空を飛行する航空機に対し無差別攻撃を宣言した。ところが、トルコが救援機を派遣、決死の救出作戦を行い、テヘランに取り残された邦人２１５人を救出したのだ。

映画製作には、実は首相に同行する和歌山県選出の世耕弘成官房副長官の尽力があったことを記しておきたい。

6 各国首脳との〝調整〟政策実現への根回し

（2016・4・19）

「安倍首相は4月29日にパリにおいでいただけると承知している」――。

12日午前、首相官邸でのことだ。広島市で開催された主要7カ国（G7）外相会合のため来日したフランスのエロー外相が安倍晋三首相との会談前の写真撮影時にポロリと漏らしたのだ。安倍首相の大型連休中の欧州歴訪日程はまだ発表されていない。従って、同席した岸田文雄外相、杉山晋輔外務審議官（政務）、林肇欧州局長らが戸惑った表情を見せたのも頷ける。

安倍首相は4月29日に政府専用機で羽田空港を発ち、フランス・パリ、イタリア・フィレンツェ、ベルギー・ブリュッセル、ドイツ・ベルリン、英国・ロンドン、ロシア・ソチの順番で訪れて、5月7日に帰国する。

4月30日にオランド仏大統領、5月1日にレンツィ伊首相、3日にトゥスクEU大統領とユンケルEU委員長、4日にメルケル独首相、5日にキャメロン英首相、そして6日にプーチン露大統領と会談する。

この日程は「厳秘」扱いであり、本コラムで初めて明かされることになる。

当初の予定は、英国→フランス→イタリア→ベルギー→ドイツ→ロシアの順番であった。

ところが事前の実務レベル折衝では、キャメロン英首相はEU離脱を巡る6月23日の国民投票と5月5日の統一地方選で頭が一杯で、日英首脳会談の日程が決められる状況になかった。そこへ例の課税逃れを暴いた「パナマ・ペーパーズ」にキャメロン首相の名前が登場し、テンヤワンヤの大騒ぎとなった。

一応、5月5日の統一地方選の結果が判明するのが夜10時過ぎということで、やっと同日夕方がセットされた経緯がある。

それはともかく、安倍首相がG7首脳会議（伊勢志摩サミット　5月26〜27日）議長にかける意欲は生半可ではない。成功裏に終えて最終日の議長会見で、各国首脳が世界経済安定のため財政出動による景気対策で一致したことと、消費増税の再延期決断を明らかにするはずだ。そのためには、越えるべきハードルがある。それは、財政出動に消極的なメルケル首相を説得することである。

安倍首相は、実は3月31日にワシントンで会談したオバマ米大統領に対して伊勢志摩サミットでの「メルケル説得」の支援を要請していたのだ。

事ほど左様に、首相外遊の日程作成には秘めたエピソードがある。

7 ベトナムの日本傾斜加速（2016・7・12）

10日の参院選と14日告示の東京都知事選の最中、駆け足でベトナムの首都ハノイに行ってきた。主たる目的は、レ・クイ・ドン工科大学（ＬＱＤＴＵ）のレ・キ・ナム副学長ら幹部との意見交換のためだ。

「工科大学」と名乗っているが、国防部直轄の事実上の〝軍事技術学院〟である。

旧チェコスロバキア留学中に博士号を取得した陸軍少将のナム氏は、流暢な英語を話す。同氏の父は共産党機関紙「ニャンザン」副編集長を務めたエリート。ベトナム和平が実現した73年1月の「パリ協定」北ベトナム代表団のレ・ドゥク・ト特使の随行員でもあった。

ベトナム社会主義共和国は共産党一党支配体制下ではあるが、同国有数のインテリ階層なのだ。

さすがに現役軍人である。共にした酒席ではよく飲んで食べて、話した。話題は「おしん」から安倍晋三首相論に及んだ。

では、なぜベトナムなのか。人口は九州を除いた日本とほぼ同じ面積に約９５００万人。だが、30歳以下が約60％。繁華街に限らず、どこでも若者と子供の姿が目立つ。

一人当たりＧＤＰ（国民総生産）が２２００ドル。同成長率が約６％。政治が安定し治安も良く、東南アジア第3位の人口は有望な市場である。

ハノイでは夫婦共働きで平均月収が10～15万円。ところが、有名なバイク喧騒の街を走るクルマは、なぜかレクサスなど高級車が目立つ。しかも若者が運転している。

党官僚・政府幹部の子弟だという。やはり中国と同じ既得権益享受者なのか、と聞いてみた。中国と違いベトナム共産党は下からの積み上げによる支配なので国民あってのものだ、と深田博史駐越大使は説明する。

1月の党大会で政治局員が16人から19人に増員された。出身内訳は同国南部4人、中部2人、北部13人。国の中心は商業都市ホーチミンではなく政治都市ハノイ。「北高南低」なのだ。

中国の南シナ海における海上覇権強化に危機感を持つベトナムの日本傾斜は急ピッチで進む。件のナム氏は、電力安定供給には原発建設が不可欠であり、事前の緊急対策庁設置で日本の協力を求めたいと語っていた。

防衛大学で修士、博士号を取得した日本留学組の教授たちとも懇談した。

異口同音にさらなる高みを求めて日本企業への出向と共同研究の機会を口にした。それは、一にかかってLQDTUの「政治力」と、日本側の理解と協力次第である。

8 モディ印首相との良好な関係を「対中カード」に（2016・11・8）

11月10〜12日、インドのナレンドラ・モディ首相が公式実務訪問賓客（公賓）として来日する。

2014年5月の総選挙で自ら率いるインド人民党が勝利、第18代インド首相に就任した。01年から13年間務めたグジャラート州知事時代から清廉潔白で知られ、国民の人気が高い。66歳。

同首相はこれまで安倍晋三首相と知事時代を含め4回会っており、大変な親日派でケミストリーが合うとされる。

14年8月のモディ首相初来日時のことが在京外交団の中で大きな話題となった。

同30日夜、京都迎賓館で安倍首相主催の非公式夕食会が開催された。

両首脳は翌日午前、市内南区の東寺を訪れ、ヒンドゥー教徒のモディ首相が安倍首相と大日如来像の前で並んで合掌したのだ。この映像は国内外で大きく紹介された。

9月1日、東京に移動して迎賓館で日印首脳会談が開かれた。

安全保障から経済協力まで盛り込んだ「日印特別戦略的パートナーシップに関する東京宣言」に調印した。

平たく言えば、インドと日本は準同盟国になったのである。

モディ首相の経済政策は新自由主義に近く、米誌ニューズウィークが「アベノミクス」ならぬ「モディノミクス」と名付けた。事実、15年からインドと中国の経済成長率は逆転し、インドが中国を上回っている。

このように日本の対印コミットメントは15年以降、〝オールジャパン〟で臨んでいる。高速鉄道計画（最大都市ムンバイとグジャラート州の都市アーメダバード間約５００㎞）の新幹線採用確定などインドでのインフラ整備への協力が進んでいる。

さらに安倍・モディ会談で日印原子力協定に署名するが、これによって日本は原発の輸出が可能になる。この協定締結は安倍首相が15年12月に訪印した際に合意した。

こうした中で、日本国際問題研究所理事長の野上義二元外務事務次官らは10月25日に首都ニューデリーを訪れ、アクバル外務担当閣外相と会談。

そして杉山晋輔外務事務次官も同28日にジャイシャンカル外務次官と会談し、経済・安保などでの協力を巡り意見交換した。

極めつけは、11月２～４日に二階俊博自民党幹事長が首相親書を携えて訪印、モディ首相と会談したことだ。

ロシア同様にインドとの良好な関係を、安倍首相は「対中カード」にする腹積もりなのだ。

9 日米サウジ争奪戦の重要性

（2017・3・28）

日米両国にとってサウジアラビアとの関係発展が喫緊かつ重要なテーマになっている。少し前の3月16日、皇太子殿下が46年ぶりに来日したサウジアラビアのサルマン国王を見送った時のことだ。

国王を乗せた専用機は午後1時5分、次の訪問国の中国に向けて羽田空港を離陸した。皇太子は、国王専用機が飛び立つまでの15分、さらに飛び立ってからの15分もの間、寒風吹き荒れるなか見送っておられた。居合わせた政府・宮内庁関係者は一様に驚いたという。同国王が皇太子時代の2014年に来日した時は自分のカウンターパートであったこと、そして翌年1月にアブドラ前国王逝去弔問にサウジを訪問した際の接遇を実施されたことなどが、その挙措の背景にあると想像を巡らしたというのだ。

こういうことである。現在の日本にとってのサウジアラビアは、従前のように単なる石油安定供給国であるだけではなく、今や同国王の子息のムハンマド副皇太子が推進する脱石油政策・国内改革によって「戦略的パートナー」になったことを強く認識しているのだ。

サルマン国王来日時のTVワイドショーの話題は、専用料理人を含め随行員が1000人超、帝国ホテルには王子15人など500人が宿泊した、調達した高級ハイヤーは500台など、その豪華さに集中した。

だが、経済界の関心事は国営石油会社サウジアラムコの株式公開（ＩＰＯ）問題であった。ニューヨーク、フランクフルト、東京証券取引所のうちどこが上場権を獲得するのかということである。時価総額２３０兆円超とされるだけに、各国証券取引所の争奪戦は凄いものがある。

そうした「現実世界」にも皇太子殿下は目配りしているというのである。

では、米国はどうなのか。サルマン国王の日本滞在中、実はムハンマド副皇太子はワシントンを訪れていた。

トランプ大統領は3月14日、ホワイトハウスで歓迎夕食会を催した。もちろん長女・イバンカさんと夫のジャレッド・クシュナー大統領上級顧問も出席した。

さらに同夫妻と極めて親しいディナ・パウエル大統領顧問も招かれた。流暢なアラビア語を話す彼女は翌日、何と国家安全保障会議（ＮＳＣ）ナンバー３の大統領副補佐官（政策調整担当）に抜擢されたのだ。

米国もまたファミリーを挙げてサウジ接近を図っているのである。

10 対北で結束するG7サミット

（2017・5・30）

5月26〜27日、イタリアのシチリア島タオルミナで主要7カ国首脳会議（G7タオルミナ・サミット）が開かれた。

安倍晋三首相（62）は6回目のサミット出席、最古参のメルケル独首相（62）が12回目。議長を務めたジェンティローニ伊首相（62）、トランプ米大統領（70）、メイ英首相（60）、マクロン仏大統領（39）は初陣、そしてトルドー加首相（45）が2回目である。

そして古参のメルケル、安倍両氏が初デビューのトランプ氏に次ぐ高齢で、初出席のマクロン氏が最年少。ロシアが抜けてG8からG7に変わった2014年のブリュッセル・サミットから大きく様相が変わった。

同サミットでロシアのクリミア半島併合を巡り、当時のオバマ米大統領とオランド仏大統領が大激論を展開して険悪なムードとなったが、安倍首相が裁いて何とか共同声明発表にこぎ着けた。

議長だったメルケル氏はその手腕を高く評価、以後、安倍氏の国際社会での存在感が飛躍的に高まった。

今回のG7タオルミナ・サミットでは当初、各国首脳は〝問題児〟のトランプ氏初登場に身構えたが、安倍氏が米欧間の調整役として大きな役割を果たした。

直前の22日にイギリスのマンチェスターで発生した「イスラム国（ＩＳ）」による無差別テロもあって、テロ対策を始め自由貿易、北朝鮮情勢などについてＧ７の結束を確認した。

ただ、Ｇ７の国内総生産（ＧＤＰ）は80年代には世界全体の約70％を占めていたが、今や50％を下回っている。

ここに来て、急速に存在感を高めている中国やインドなど新興国が参加する主要20カ国・地域（Ｇ20）首脳会議が耳目を集めるようになった。

今年のＧ20首脳会議は、７月７～８日、ドイツのハンブルクで開催される。

安倍首相は同会議開催中の７日にトランプ大統領と会談する他、日時は未定だが中国の習近平国家主席、ロシアのプーチン大統領とも会談する予定だ。

注目すべきは日中首脳会談である。外交日程上、筆者が特に関心を持っているのが、両首脳の相互訪問の順番と時期である。

習近平外交を担う楊潔篪国務委員（副首相級）が月内にも来日するが、日中韓首脳会談、習主席訪日、安倍首相訪中の日程調整までできるのか。

首相官邸は現在、日中平和友好条約締結40周年の来年の中国公式訪問を想定、根回ししている。

11 異例の厚遇をした中国国務委員

（2017・6・6）

安倍晋三首相は5月31日午後、首相官邸で中国外交トップの楊潔篪国務委員（副首相級）の表敬を受け、約50分間会談した。

そして安倍首相の外交ブレーンである谷内正太郎国家安全保障局長は、29日に来日した楊氏を神奈川県の「箱根プリンスホテル」に招き、夕食を交えて5時間超に及ぶロングラン会談を行った。さらに岸田文雄外相も30日午後、東京・麻布台の外務省飯倉公館で約1時間20分会談している。

習近平国家主席が絶大な信頼を寄せる中国外交の責任者とはいえ、異例の厚遇である。

楊潔篪、上海生まれの67歳。中国外交部のキャリア官僚で、一貫して対米交渉を担う。駐米大使、外交部長（外相）を歴任、13年3月に現職。共産党中央委員。楊氏は4月上旬の習主席の訪米にも同行しただけではなく、トランプ大統領との米中首脳会談（少人数会合）にも同席している側近だ。

その楊氏が今後の日中関係の中国側のキーマンである証がある。

5月14〜15日、習主席が威信を賭ける中国の広域経済圏構想「一帯一路」国際会議が開かれた。

ロシアのプーチン大統領、インドネシアのジョコ大統領、トルコのエルドアン大統領、イタリアのジェンティローニ首相など29カ国の首脳をはじめ、130カ国の国と70以上の国際機関から1500人が出席した。

北京で開催されたこの国際会議に、首相親書を持参した自民党の二階俊博幹事長が出席、16日に習主席と会談した。

ところが、二階幹事長の訪中翌日に首相最側近の今井尚哉首相秘書官（政務）も北京入りし、楊潔篪国務委員と極秘接触していたのである。今井氏は楊氏に早期の訪日を要請すると同時に、7月7〜8日にドイツのハンブルクで開かれる20カ国・地域（G20）首脳会議時の日中首脳会談を打診したのである。

楊氏が来日したということは、安倍・習近平会談が実現するということだ。それだけではない。

谷内氏が一泊二日で箱根に招いたのには理由がある。谷内氏は外務事務次官時代の06年10月の安倍首相電撃訪中をセットしたことで知られる。当時のカウンターパートは戴秉国外交部第1次官（後に国務委員）であり、安倍訪中実現に向けた5回目協議は戴氏が故郷の貴州省に招待した。

その先例に倣い今回の箱根招待となった。年内の習主席訪日と来年初夏の安倍首相訪中のメドが立ったのではないか。

12 「インド太平洋戦略」の生みの親

（2017・12・5）

最近、「インド太平洋戦略」、あるいは「インドアジア太平洋」という言葉を目にする機会が多い。

新聞では毎日新聞のコラムに立て続けに記述されていた。

同紙11月20日付の連載コラム「風知草」で山田孝男特別編集委員、26日付の「風を読む」でケント・カルダー米ライシャワー東アジア研究所長がそれぞれ言及している。

また、朝日新聞の梶原みずほ記者の新著『アメリカ太平洋軍――日米が融合する世界最強の集団』（講談社）には、「インドアジア太平洋・海洋同盟」と題した一節（第九章）が設けられている。

梶原氏は同書で、米公式文書のなかで太平洋軍（司令部・ハワイ）の担当地域が「アジア太平洋」という表現から「インドアジア太平洋」という表現に変わった経緯を詳述している。と同時に、この表現には多分に政治的な意味合いを含んでおり、同地域で統一された言い方がなされていないのは、まだこの地域の秩序は極めて流動的で、不透明であることの証左ともいえるだろう、と指摘している。

梶原氏は米国防総省のアジア太平洋安全保障研究センター（APCSS）、ハワイ大学日本研究センターに2年間、客員研究員として在籍した。特にAPCSSでは軍事機密にアクセスするための身辺調査など審査をクリアしてのことだった。

従って、本書は「国防総省の内側から見たアメリカ軍と日米同盟の現場を描くこと」（「おわりに」）ができたことで、「べき論」が多い安保関連類書とは違った読み応えのあるものとなった。

では、いったい「インド太平洋戦略」はどのような経緯から日の目を見るようになったのか。「自由で開かれたインド太平洋戦略」が安倍外交のキーワードとして頻繁に登場するようになったのは16年8月。安倍晋三首相がケニアで開催されたアフリカ開発会議（TICAD）での基調演説で打ち出してからだ。

外務省の秋葉剛男総合外交政策局長（現外務審議官・1982年入省）―市川恵一同局総務課長（89年）ラインが「産みの親」である。

秋葉氏が市川氏に対し、中国の「一帯一路」構想と対峙せず、かつ海上覇権を牽制する構想作りを指示したことが発端であった。16年の春頃だ。

その後の11月、安倍首相が来日したインドのモディ首相と共に神戸に向かう新幹線車中でインド洋の大地図を広げて説明、意見交換を行っている。

そして今では、ティラーソン米国務長官もこの用語を借用しているのだ。

13 イラン政策で存在感示せるか（2019・6・11）

「地球儀俯瞰外交」を唱える安倍晋三首相は6月12〜14日までイランを訪問する。最高指導者（イマーム）ハメネイ師とロウハニ大統領と会談する。

穏健派のロウハニ大統領が2017年5月19日の大統領選で強硬派のライースィ氏に圧勝・再選された直後、安倍首相は同大統領に「この度の勝利は、閣下の掲げる国際協調路線への信認である」との祝辞を発出した。

まさにその翌日、ドナルド・トランプ米大統領がサウジアラビアを公式訪問したのだ。21日に開催された米アラブ・イスラム・サミットにはサルマン国王を始め、アブドラ・ヨルダン国王、エルシーシ・エジプト大統領、ジョコ・インドネシア大統領らが出席、トランプ大統領はアラブ諸国への強いコミットメントを国際社会に意思表示したのである。

事実、大統領に同行したティラーソン国務長官（当時）は記者会見で「イランのテロのネットワークへの資金提供、人材供給・後方支援を直ちに止めるべきだ」と語った。

トランプ政権は発足時から今日までイラン敵視政策を採ってきたのだ。

日米同盟堅持の安倍政権ではあるが、イラン政策に関しては歴史的にも対米追随ではない。

ここで読者のために中東地域情勢の理解に最小限必要な基本知識を記す。

イスラム教には多数派のスンニ派と、後発で少数派のシーア派の二大宗派がある。前者は預言者ムハンマドのスンナ（慣行）に従う人々で、ウンマ（イスラム共同体）を重視する。聖俗の長はカリフ（代理者）であり、サウジ、エジプトなどアラブ・北アフリカ諸国とインドネシアなど一部アジア諸国だ。

後者は第４代カリフであるアリーとその血統を重視、聖俗の長はイマームで、イラン、イラクなど少数である。換言すると、アラブ民族主義とペルシャ主義の対立である。

そして「イ・イ戦争」。１９８０年９月にイスラム革命を主導したホメイニ師のイランと、バース党を率いたフセイン大統領のイラクが領土紛争を機に全面戦争に突入した。米欧から中国、ロシア、そして北朝鮮まで巻き込んだ複雑怪奇な構図であった。停戦が実現するまで８年を要した。

その過程の83年８月に安倍首相の父・晋太郎外相は両国を訪れて、停戦を働きかけた経緯がある。秘書官として同行した安倍首相には仲介役というＤＮＡ（遺伝子）が継承しているのだ。

首相訪問で目に見える「成果」は難しい。だが、存在感をアピールできることだけは間違いない。

第7章　官邸支配

――「安倍一強」の源泉

今、「官邸官僚」という言葉がメディアで取り上げられる。改めて指摘するまでもなく、首相官邸の主《あるじ》である安倍晋三首相を取り巻く霞が関官僚群のことを指している。

より具体的に言えば、安倍首相の最側近とされる今井尚哉首相政務秘書官（1982年旧通商産業省入省）、北村滋内閣情報官（80年警察庁入庁）、長谷川榮一首相補佐官（76年旧通商産業省）の3人のことである。

首相秘書官は6人いる。事実上の首席秘書官である今井氏を始め、首相事務秘書官の鈴木浩（85年外務省）、増田和夫（88年旧防衛庁）、佐伯耕三（98年旧通商産業省）、新川浩嗣（87年旧大蔵省）、原和也（90年警察庁）の各氏である。

2019年7月人事で防衛省出身秘書官が島田和久氏（現官房長）から増田氏（前国家安全保障局担当内閣審議官）に交代したことで、12年12月の第2次安倍内閣発足後、連続で事務秘書官を務めるのは外務省出身の鈴木氏だけとなった。同氏は、安倍首相の17年2月訪米時に首相夫妻が大統領専用機エアフォースワンでワシントンからドナルド・トランプ大統領の別荘があるフロリダ州パームビーチに移動する際、ホワイトハウスが許可した首相夫妻同行者4人の1人に抜擢されたほど信任が厚い（ちなみに他の3人は当時の佐々江賢一郎駐米大使、今井政務秘書官、高尾直総合外交政策局総務課首席事務官・首相通訳）。

そして霞が関の「常識」からすると異例中の異例である佐伯秘書官の入省年次が著しく他秘書官に比べて若いのには理由がある。今井氏が17年7月、内閣官房に内閣副参事官として出向していた佐伯氏を史上最年少事務秘書官に起用したからだ。同氏は今井氏が第1次安倍内閣事務秘書官時代に秘書官付きだった。当時からその異能ぶりが高く評価されていたのだ。

さらに指摘すれば、今井氏だけではなく、北村、長谷川両氏も当時の安倍首相に仕えていたのだ。北村氏は首相事務秘書官、長谷川氏は内閣広報官。

今井、北村、長谷川の3氏が、安倍氏が健康上の理由からわずか1年余で首相の座を退いた後も、安倍氏を終始励まし、支えてきたことはよく知られるところだ。安倍氏が後にその頃を振り返って「地獄を見た」と語ったことが、すべてを物語っている。身も心もボロボロになったのだ。当時の「安倍周り」の多くが同氏のもとから去って行ったのだ。

それだからこそ、安倍首相を官邸で支える現在の「安倍周り」は並み外れた結束力を誇るのである。

ここでもう一つ指摘しておくべきは、菅義偉内閣官房長官の存在だ。数多いる自民党政治家（当時は野党）の中で、安倍氏に12年9月26日に行われた自民党総裁選出馬を強く促した数少ない1人が菅氏である。安倍氏は最後まで出馬に迷っていたのだ。

石破茂前政調会長を決選投票で破って自民党総裁に選出された2日後、筆者は田原総一朗氏司会のBS朝日のテレビ番組の収録を終えた直後にゲスト出演した安倍氏ご本人から次のように聞かされた。

「母（岸信介元首相の長女であり安倍晋太郎元外相夫人の安倍洋子さん）を筆頭に、兄（安倍寛信三菱商事パッケージング社長）も弟（岸信夫衆院議員）も出馬に強く反対しました。しかし、妻（昭恵夫人）は貴方が（出馬を）決めれば最後までついていきますと、背中を押してくれたのです」。正直にいえば、筆者はこれには胸騒ぐものがあった。

それはともかく、「官邸官僚」とは別に、菅氏と昭恵夫人の存在なくして今日の「安倍1強」は日の目を見ることがなかったのは事実である。とりわけ、菅氏の存在感は計り知れないほど大きなものがある。

内閣官房長官は「内閣のスポークスマン」、「首相の女房役」などと言われる。だが、現在の菅官房長官はそうしたネーミングでは納まりきれない役割を果たしている。今や「官邸のもう一人の主《あるじ》」と呼ぶべきである。官邸と与党（自民、公明両党執行部）、官邸と霞が関（各省庁）間の基本政策の立案・調整や政府提出法案の国会日程などの「政治カレンダー」作りから主要省庁幹部人事に至るまで、菅氏が関与している。

その意味では、前例のない長期政権を実現した「チーム安倍」は、菅氏と今井氏ら「官邸官僚」を両輪として機能しているのである。

もちろん、その弊害も指摘されている。これまでに噴出した森友学園への国有地払下げ問題、財務省の公文書改ざん問題、加計学園への忖度問題などで、政権の「強引」、「驕り」、「緩み」が顕在化した。それらは決して看過できるものではない。

だが、よくも悪くも安倍氏の政治手法である「官邸主導」が、この国に「安定した政権」、「決められる政治」を体現したことは認めざるを得ない。

政治報道は好き嫌いではない。フェア（公正）に、そしてファクト（事実）を追求すべきである。

1 国家安全保障局、〝タコ部屋〟詰めで忙殺の日々（2015・1・20）

安倍晋三首相が議長を務める国家安全保障会議（日本版NSC）の事務局である国家安全保障局（局長・谷内正太郎元外務事務次官）は1月7日、発足1年を迎えた。

ポリティカル・アポインティ（政治任命）の谷内局長が閣僚級の処遇を得たことが大きい。谷内氏の主要各国のカウンターパートは以下の通りだ。

米国＝スーザン・ライス大統領補佐官（国家安全保障担当）、ロシア＝ニコライ・パトルシェフ安全保障会議書記、中国＝楊潔篪国務委員（外交担当）、韓国＝金寛鎮国家安全保障室長らである。

外務省（斎木昭隆事務次官・76年入省）の対米政策担当が一致して嫌うライス氏だが、オバマ大統領の絶大な信頼を得て、彼女の政敵はこれまでに相次いで失脚したほどだ。

パトルシェフ氏はプーチン政権の事実上の官房長官であり、プーチン大統領の最側近。また、統合参謀本部議長を務めた金寛鎮氏は、朴槿恵政権では国防長官より上のランクである。

改めて指摘するまでもなく、14年11月に実現した日中首脳会談は、谷内氏が楊潔篪氏との信頼関係を構築した上で、伊原純一アジア大洋州局長（79年）と秋葉剛男国際法局長（82年）が中国側と繰り返し折衝して「四項目合意」にこぎ着けて実現したものだ。

さて、約70人を擁する国家安全保障局である。

同局が今、忙殺されているのは、1月26日召集の通常国会後半最大の焦点である集団的自衛権行使のための法制化の準備作業である。

14年末、首相官邸の真向かいにある新築の内閣府4階に法制化準備チームの〝タコ部屋〟が新たに設置された。

法制化に向けた準備は、実は国家安全保障局スタッフの3分の2を動員して14年7月の解釈変更の閣議決定前から行われていた。

そのタコ部屋に集められた要員には、増田和夫同局統括・調整班長（内閣参事官・88年旧防衛庁）をヘッドに、赤瀬正洋戦略・企画班長（内閣参事官・89年同）ら防衛省組と、若い入谷貴之内閣企画官や藤本健太郎内閣企画官ら外務省の条約畑らがいる。

法制化に向けたコンセプト作りは、官房副長官補を兼務する兼原信克（81年外務省）、高見沢将林（78年防衛庁）の二人の国家安全保障局次長が担った。

谷内氏の信任が厚い「戦略官僚」兼原氏は将来の局長が有力視されている。

2 内閣情報局構想が再浮上 （2015・2・17）

「内閣情報局」設置構想が再び浮上している。

イスラム過激派「イスラム国」（ＩＳ）による日本人人質事件を受けての安倍晋三首相の国会答弁が引き金となった。安倍首相は2月4日の参院予算委員会で次のように語った。

「政府の情報機能を強化し、より正確かつ機微な情報を収集して国の戦略的な意思決定に反映していくことが極めて重要だ」——。

政府の情報収集・分析力強化を図るため米中央情報局（ＣＩＡ）のような対外情報機関の設置に関して「様々な議論があると承知している」と、答弁したことが大きい。

これに呼応するかのように、初代の内閣安全保障室長の佐々淳行氏も直近の『文藝春秋』（3月号）で内閣情報局創設を提言。

では、わが国にはどのような情報組織（機関）があるのか。

まず、内閣官房に内閣情報調査室（内閣情報官・北村滋＝１９８０年警察庁入庁）がある。

外務省：国際情報統括官組織（国際情報統括官・岡浩＝82年外務省）。

防衛省：統合幕僚会議情報本部（情報本部長・宮川正＝82年旧防衛庁）。

法務省：公安調査庁（長官・寺脇一峰＝78年法務省）。

警察庁：警備局外事情報部（外事情報部長・瀧澤裕昭＝82年警察庁）。
これ以外にも内閣官房に関連組織（機関）がある。14年1月に発足した国家安全保障局（局長・谷内正太郎＝69年外務省）と内閣危機管理室（内閣危機管理監・西村泰彦＝79年警察庁）である。

国家の危機管理に当たって不可欠なのは、単なる情報収集の機能ではなく、インテリジェンスの総合力である。それはシギントと呼ばれる通信傍受や衛星監視で収集・分析した情報と、ヒューーミントと呼ばれる人間的要素の情報を総合した「情報力」を意味する。

ところがわが国の場合、総合的な情報力といえるようなものは端的に言って皆無に近い。
情報を扱う政府機関はいくつもあるが、いずれも情報を収集・分析・評価する能力、つまりインテリジェンス機能は極めて低く、情報を総合化する仕組みが不十分なのだ。
自前のインテリジェンスと情報管理体制を持たないに等しい。こうしたことから内閣情報局構想が浮上したのだ。

縦割り組織の弊害は古くて新しい問題である。それにしても、現有の内閣情報調査室約170人、内閣危機管理室約70人、国家安全保障局約70人では侘しすぎる。やはり「ヒトとカネ」なのだ。

3 財務省トップ入省、初の東大法学部以外 （2015・4・28）

財務省（香川俊介事務次官・1979年旧大蔵省入省）は、中央省庁で圧倒的パワーを持ち、「省のなかの省」と言われてきた。

その財務省でちょっとした「変事」があった。

それは、平成27年度（2015年）総合職新規採用者23人に関することである。

国家公務員総合職試験合格者551人のトップ、つまり財務省入省23人中の一番は九州大学法学部卒業生。東京大学法学部卒業生ではなかったのだ。霞が関では初めての快挙である。

それだけではない。23人の出身高校を見ると、東京の有名私立進学校卒業生がゼロなのだ。

今年春の東京大学合格者ランキングでも分かることだが、184人の開成高校、88人の麻布高校、82人の駒場東邦高校が上位を占めている。

この〝御三家〟からの財務省採用者が皆無ということは、かつてなかったことだ。「霞が関の異変」と言っていい。

ただし、名門私立進学校として有名なラ・サール高校（鹿児島）卒業生が2人いる。

出身高校で言えば、地方の県立高校（それも県庁所在地ではない高校が過半）卒業生が多いこともまた本年採用者の特色である。

具体名を挙げる。青森県立弘前高校、秋田県立横手高校、神奈川県立柏陽高校、長野県立諏訪青陵高校、熊本県立水俣高校、鹿児島県立鶴丸高校と6人もいる。

さらに出身高校について興味深いことがある。英国ロンドンの私立ミルヒルスクール（ロンドン大学キングスカレッジ行公共政策・社会科学部）と、私立早稲田渋谷シンガポール高校（早稲田大学系）の卒業生である。

もちろん、出身大学については、東京大学が23人中16人と圧倒的だ。そして法学部卒業生が7人と、やはり東京大学→財務省というエリートコースは健在である。

今回の採用者を一瞥して分かることがある。

「国家官僚」としての自負が強い財務官僚といえどもグローバル時代を迎えた現在、大きな変化に対応できる能力が求められているということであろう。

かつて筆者は、採用担当の官房秘書課長を務めた高木文雄元大蔵事務次官から「大蔵省は日本の仕事をしているんであって、東京の仕事をしているんじゃない。だから東京の有名進学校から東大という学生よりも、地方出ボーイを採る努力をした」と聞いたことがある。

財政再建と税制改革を背負う財務省の将来は、彼らの双肩にかかっている。

4　安倍首相に漂う「気配り」「すごみ」（2015・9・15）

自民党総裁3選を果たした安倍晋三首相は、週末の9月18日には念願の集団的自衛権行使のための安全保障関連法案を参院本会議で成立させる。

最近の安倍首相を見ていて気づいたことがある。

従前にはなかった「気配り」と「すごみ」である。

総裁選告示直前、出馬に意欲を見せた野田聖子前総務会長の推薦人に応じかけた若手議員に電話して断念させた。総理・総裁自らがそこまでするのか、という気もするが、総裁選は権力闘争でもあり、当然と言えば当然である。

一方の気配りである。9月1日の「安倍日誌」（産経新聞2日付朝刊）を目にして得心がいった。

「午後6時37分、銀座のイタリア料理店『ラ・ベットラ・ダ・オチアイ』着。兼原信克官房副長官補、谷口智彦内閣官房参与らと食事。」とあった。有名な落合務氏がオーナーシェフの店である。

「ら」と記されていたので、筆者は直ちに他のメンバーを調べた。

今井尚哉首相秘書官（政務担当・1982年旧通産省）、鈴木浩首相秘書官（事務担当・85

年外務省）、佐伯耕三内閣副参事官（98年旧通産省）の3人が同席者だった。

それが、なぜ気配りなのか。話は8月14日に発表された「戦後70年首相談話」に遡る。野党をはじめ、一部のメディア、識者からボロクソに言われた「安倍談話」だったが、中国や韓国を含め概ね評判は良かった。

では、どのようにして「首相談話」は準備されたのか——。詳細を承知しているつもりだ。草案は7月20日頃には出来ていた。それまでに草案の叩き台3つが準備された。草案の草案と言うべき叩き台を作成したのが、兼原、谷口両氏、そして今井氏の3人である。3案が安倍首相に提出され、最終的に「今井案」が採用されたのだ。

次は、その今井案はどのようにして出来上がったのかである。事実上の首相首席秘書官である今井氏は、安倍首相最側近として知られる。首相と過ごす時間は圧倒的に多い。

その今井秘書官が佐伯副参事官を同席させて首相から想いの丈を聞き取ったのである。焦点の歴史認識問題から日米同盟に至るすべてのテーマについて。

その起こしをもとに今井氏がまとめたものだ。それに安倍氏が朱入れ・推敲を繰り返したことから、同談話は「首相のご親筆」と言われているのだ。

そして、平成入省の若手官僚が首相に慰労されるのは異例のことである。

5　対外インテリジェンス機関の設置を（2016・4・26）

「対外インテリジェンスやカウンターインテリジェンスに従事する外務省、内閣情報調査室、警察庁、防衛省、公安調査庁の垣根を取り払い国益のために団結せよという指摘は数十年前からなされているが、省庁間の壁を打ち破ることがいまだにできていない」――。

元外務省主任分析官で作家の佐藤優氏が、産経新聞（4月17日付）に首相官邸直属の対外インテリジェンス機関設置提言を寄稿した。

全く同感である。手前味噌だが筆者は、米国の「9・11同時多発テロ」の翌年2002年に刊行した『日本の危機管理』（共同通信社）に次のように書いた。

「国家の危機管理に当たって不可欠なのは、単なる情報収集の機能ではなく、インテリジェンスの総合力である。それはSIGINT（シギント）と呼ばれる通信傍受や衛星監視で収集・分析した情報と、HUMINT（ヒュミント）と呼ばれる人間を対象とした人間的要素の情報を総合した『情報力』を意味する」

要は、米国のそれと比べると、日本の総合的情報力といえるものは端的に言って皆無に近いということである。

佐藤氏の提言にあるように、日本にも情報を扱う政府機関はいくつもあるが、いずれも情報を収集・分析・評価する能力、つまりインテリジェンス機能はきわめて低く、情報を総合化する仕組みもつくられていない。

自前のインテリジェンスと情報管理体制を持っていないのだ。故に対外インテリジェンス機関、それも首相官邸直属の機関を設置すべきと、佐藤氏は言うのである。

では、「情報覇権大国」米国はどのような政府機関を持っているのか。

一例を挙げる。北朝鮮の核実験強行、長距離弾道ミサイル発射に関する情報収集・分析を担うのは、国防総省傘下の三つの組織である。

国家安全保障局（NSA　M・ロジャース局長＝海軍中将）、国家偵察局（NRO　B・カールソン局長＝海軍中将）、国防情報局（DIA　V・スチュワート局長＝海兵隊中将）。

この他に、ご存じのCIA（米中央情報局　J・ブレナン長官＝前国土安全・テロ担当大統領補佐官）がある。

重要なのは、各情報機関のトップを集めた統合司令部というべき国家情報会議（NIC　J・クラッパー国家情報官＝退役空軍中将）である。もちろん、大統領直属組織だ。

ともかく目指すべきは、省庁の縄張りの枠を超えた機能的なインテリジェンスの活動体である。

6　早期衆院解散実現への布石

（2016・8・9）

8月3日、第3次安倍第2次改造内閣と自民党新執行部が発足した。

今回人事の最大の特色は、各紙報道にあるように、自民党幹事長に二階俊博前総務会長が就任したことである。

二階氏が7月19日に派閥領袖の中でいち早く安倍晋三首相の総裁任期の延長について言及したことと無関係ではない。党則を改正し2018年9月の任期切れを1期（3年）延長すれば、21年9月までの安倍超長期政権を掌中にできる。

仮に任期延長となれば、これからの5年余で悲願の憲法改正実現も現実味を帯びてくる。

さらに総裁3期を務め上げれば、在任7年8カ月の戦後最長記録を持つ大叔父の佐藤栄作元首相（総裁）を抜く。このことを安倍首相が胸中に秘めていないはずがない。

二階氏幹事長起用で永田町周辺がざわつき始めた。安倍首相がそう遠くない時期に衆院解散・総選挙を断行するのではないかとの疑心暗鬼である。

今、囁かれ始めたのは、来年1月の通常国会召集冒頭解散説だ。

そのためには、幾つかクリアしなければならないハードルがある。

まずは経済である。株式・為替市場は、日本銀行（黒田東彦総裁）が7月29日に決定した追加緩和と内閣改造前日に発表した28兆円規模の経済対策に好感しなかった。

だが、9月の次回政策決定会合での大型金融緩和を示唆している。

年末までの対ドル円レートの108円台と株価1万8000円台後半回復が必須条件である。

そして次のハードルと関わるのが、世耕弘成前官房副長官の経済産業相抜擢人事である。

官房副長官在任3年7カ月という最長記録を更新した世耕氏は、一貫して官邸側で「安倍外交」を支えてきた側近である。

その世耕氏が、この間、傾注してきたのは対露経済協力交渉であった。

安倍首相は5月の欧州歴訪最後の訪問国・ロシアのソチでプーチン大統領と長時間会談した。

その際に提示した対露経済協力「8項目」は、当時の世耕官房副長官と長谷川榮一首相補佐官が中心となって準備した。

その後も経済産業省局長や政府系金融機関トップが水面下でロシア側と接触、協議してきた。

しかし、今後は世耕経産相が表舞台に立つ。そう、この改造人事は「ロシア・シフト」である。

安倍首相が9月2日にウラジオストクでの日露首脳会談に持参する「手土産」の中身を詰めるのだ。「領土」が動けば、早期の衆院解散はあり得る。

7 陛下の「お気持ち」と女性宮家創設（2016・8・16）

天皇陛下は8月8日午後、ビデオメッセージを通じて生前退位の「お気持ち」を表明した。直後に実施されたマスコミ各社の世論調査は、「認めるべきだ」が80％超という結果となった。

注視すべきは、その「お気持ち」である。

朝日新聞は「退位の願い　にじむ」、毎日新聞が「退位意向　強くにじむ」の大見出しを掲げた。一方、産経新聞は「生前退位　強いご意向」とした。全文を精読すれば容易に分かることだが、生前退位の意向を滲ますどころかストレートに語っておられる。

さらに、天皇陛下は「お気持ち」の行間に自らの思いを込められている。

「憲法の下に、天皇は国政に関する権能を有しません」から始まる最後のパラグラフである。以下のように続く。

「〈中略〉そして象徴天皇の務めが常に途切れることなく、安定的に続いていくことをひとえに念じ、ここに私の気持ちをお話しいたしました。国民の理解を得られることを、切に願っています」

この件は、明らかに今上天皇が女性・女系天皇の即位容認と「女性宮家」創設を願っておられる、と読むしかない。

陛下が表明された「お気持ち」は、〝政治的〟意味合いが盛り込まれたメッセージと受け止めざるを得ない。それが憲法に抵触するかどうかは別にして、この間の「生前退位」報道と、今回の「お気持ち」表明があまりにも時宜を得ているからだ。

そもそもNHKが「生前退位のご意向」をスクープしたのは参院選の3日後だった。さらに「お気持ち」表明は、憲法改正についての衆参院憲法審査会審議が予定されている秋の臨時国会召集を控えた絶妙なタイミングであった。

たとえ陛下側近の助言があったにせよ、天皇、皇后両陛下の「ご決意」のほどが窺える。皇后が3人のお子さまの中で紀宮清子内親王（現黒田清子さま）をとりわけ愛しておられることは、皇室関係者の間では周知の事実である。

「安定的に続けていく」ためにも女性宮家創設が必要であると考えておられるのではないか。最後に指摘しておきたいことがある。天皇陛下は28年間、自らが象徴天皇の在るべき姿を実践・確立された。だが、その「お姿」をそのまま皇太子に継承して頂くことが「象徴として位置付けられた天皇の望ましい在り方」なのだろうか。

それは時代によって変わるものではないか。故に有識者会議の人選が重要になる。

8　日本外交支える〝チーム谷内〟（2016・8・30）

ここに来て改めて「チーム谷内」の存在感が高まっている。「チーム谷内」とは、元外務事務次官の谷内正太郎国家安全保障局長（1969年外務省入省）が率いる外務省の面々のことである。

8月24日午前飯倉公館で、岸田文雄外相、中国の王毅外相、韓国の尹炳世外相の日中韓外相会談が開かれた。一方、同日早朝、北朝鮮は潜水艦発射弾道ミサイル（SLBM）を発射、約500㎞飛行して日本の防空識別圏に落下した。

この日の「首相動静」を見てみる。

①谷内国家安全保障局長は西村泰彦内閣危機管理監らと首相官邸で安倍晋三首相と同日午前9時8分から23分まで会談。

②さらに谷内氏は面子を変えて午後2時18分から3時34分まで官邸を訪れている。同席者は杉山晋輔外務事務次官と秋葉剛男外務審議官（政務）。

③次は杉山事務次官。同次官は別所浩郎駐国連大使、鈴木哲国際情報統括官らを伴い同35分から50分まで安倍首相と面談。

④そして同4時10分から50分までは秋葉外務審議官が丸山則夫中東アフリカ局アフリカ部長、

山田滝雄国際協力局長同席で安倍首相にブリーフィングを行った。
もちろん、テーマはそれぞれの面談で異なる。
①の面談では谷内氏が北朝鮮のミサイル発射問題について概要説明した。
②の杉山、秋葉氏同席の会合では、年内に実現する日中韓首脳会談、そして9月2日にウラジオストクでの日露首脳会談について話し合われた。
③は、北朝鮮がSLBM発射前の8月3日にも日本の排他的水域（EEZ）に向けて発射した中型弾道ミサイル「ノドン」問題を含めて、国連安保理で米国と連携してどのように対応するのかを協議・説明したものだ。
④は、25～27日にケニアで開催されるTICAD（アフリカ開発会議）出席に関する首相へのブリーフィング。
当の谷内氏は直ちに訪中し、25日に外交のトップ、楊潔篪国務委員（副首相級）と李克強首相と会談、9月4日に杭州で開かれるG20サミットの際に安倍・習近平会談実現を取りまとめた。

実は、杉山、秋葉両氏は谷内氏が旧条約局長、総合外交政策局長、事務次官時代の直属の部下で「チーム谷内」のコアメンバーだ。そして7月14日に発足した外務省ツートップの杉山次官、秋葉外務審議官が安倍首相の意を体して対露・中・韓政策を担っているのだ。

9 天皇陛下「生前退位」有識者会議のキーマン（２０１６・10・25）

10月17日夕、首相官邸で天皇陛下の生前退位を議論する安倍晋三首相の私的諮問機関「天皇の公務の負担軽減等に関する有識者会議」の第一回会合が開かれた。

この有識者会議は、今井敬経団連名誉会長が座長、同代理に御厨《みくりや》貴東大名誉教授、小幡純子上智大大学院教授、清家篤慶大塾長、宮崎緑千葉商科大教授、山内昌之東大名誉教授の６人で構成されている。

最終人選は菅義偉官房長官が所管した。当初はメンバー5人とされたが、その場合、女性が1人になるので枠を1人増やしたという。

そして1人増えた女性枠については、安倍首相直々の指名で宮崎氏に決まったとされる。同女史はNHKキャスター時代、安倍家と少なからぬ因縁があったと聞く。

産経新聞（10月16日付朝刊）が「30年11月に大嘗祭―『生前退位』来年中に法整備」、さらに朝日新聞（18日付朝刊）も「政府、18年めど退位想定―有識者会合、来春にも提言」と報じたように、ゴールは平成30年（２０１８年）である。

では、有識者会議はそのゴールに向けてどういうプロセスを踏むのか。

同会議は年明け早々に報告書をまとめ、安倍政権はそれをベースに法案化して17年1月召集の通常国会で成立させる意向である。

明らかに、その議論の方向付けのキーマンは御厨氏である。

8月8日の天皇陛下の「お言葉」発表当時、御厨氏はメディアに対して今上天皇の生前退位を一代限り認める特例法で対応すべきだとコメントしていた。

ところが、最近は皇室典範を改正して今後の天皇にも当てはまるルール作りが必要ではないかと、考えを変えたとされる。

慶大教授たちの中でもその手腕が高く評価されている清家氏は、温厚な保守リベラルである。小幡氏は労働法と地方自治のプロ。宮崎氏は国際政治学が専門だ。

そして山内氏はかつてリベラル派と見られていたが、最近は政府の諮問会議や懇談会の委員を務めている。中東など国際関係史専攻だが、数多ある著書でも分かるように博識洽聞《はくしきこうぶん》は断トツである。

経済界の右代表的な存在である今井氏は、その重厚な存在感で経済人の域を超えている。因みに安倍首相最側近の今井尚哉首相秘書官の叔父だ。

有識者会議が国民の意見を代表するというが、御厨氏がリードして我々を得心させる報告書をまとめることができるかの鍵を握っていそうだ。

10　公邸泊まりが多い安倍首相

（2017・8・1）

7月24、25両日に開かれた衆参院予算委員会の閉会中審査に出席した安倍晋三首相は長時間、野党からの厳しい追及に晒された。

加計学園の獣医学部新設計画の申請を知った時期は政府の国家戦略特区諮問会議で同学園を事業者とすることを決定した1月20日だったと、安倍首相は24日の衆院予算委員会で答弁した。だが、安倍首相と加計孝太郎理事長の極めて親密な関係からして、首相答弁は「にわかに信じられない」という声が沸々と起こった。案の定、25日の参院予算委員会では民進党の蓮舫代表（当時）の鋭い追及にタジタジとなり、過去の答弁の修正を余儀なくされた。

そもそも安倍首相は、6月18日の通常国会終了後に会った知己に「なぜオレはこんな目に遭わなければならんのだ。十分に説明しているじゃないか」と、加計学園問題について連日国会で追及されたことに苛立ちを隠さなかった。

安倍首相は一日の日程を終えると、東京・富ヶ谷の私邸に帰るか、首相公邸に泊まるかのいずれかである。

筆者は長きにわたって公邸に泊まるケースに注目してきた。それも公式日程が午後7時前に終わり、公邸に直行する日である。

新聞各紙の政治面に前日の「首相動静」が掲載されている。だが、時の首相が公にしたくない人物との面会の場合、公邸で密かに会えば、「首相動静」に載らない。

では、安倍首相の場合はどうなのか。公邸泊りが実に多いのだ。6月は、通常国会最終盤であったにしても、何と11日間も宿泊している。

日本料理店「なだ万」から仕出し弁当を取り寄せて「極秘会食」する。それでも午後7時頃からの夕食であれば、遅くとも9時半には終わる。

では、その後はどう過ごしているのか。読書もするが、最近はよくテレビドラマを観ている。米テレビ局制作の米議会の権力闘争を描いた「ハウス・オブ・カード」、米CIAがイラクで行った秘密作戦を題材とした「ホームランド」に熱中していたこと周知だ。

ところが、加計学園問題の真っ只中の4月から6月にかけて観ていたのは、韓国MBC制作の「第5共和国」(全41話)。

1979年10月26日に朴正煕大統領がKCIA部長に暗殺された。そして12月12日、全斗煥国軍保安司令官がクーデターで実権を握り、戒厳令下の光州事件を経て大統領に就任するまでの権力奪取を描いている。安倍首相はこのドラマから何を学んだのだろうか。

11 首相らを輩出した名門高校とは（2017・8・22）

猛暑が続く8月某日夜、霞が関の主要省庁トップと酒席を共にした。

折しも話題は、加計学園問題に関して事実上の「内部告発」を行った前川喜平・元文部科学事務次官に及んだ。

さらに第3次改造内閣の〝問題閣僚〟候補として、筆者が旧大蔵省ＯＢの中川雅治環境相の名前も取り沙汰されていると述べたら、件の官僚は「そう言えば、中川さんも前川さんと同じ麻布出身ですね」と独りごちた。麻布とは私立麻布高校のことである。たまたま同時期、やはり麻布高校卒業の福田康夫元首相が共同通信のインタビューで厳しい安倍晋三首相批判を展開したこともあって自然と出身高校が、当夜の格好の酒肴となった。

経済週刊誌は頻繁に「高校特集」を掲載する。有名私立・公立高校の東京大学合格者ランキングが読まれているからだ。と同時に、ビジネスマンは政・経・官・学界の有名人同窓生を知りたがる。

だが当夜の話題は、東大合格者を多数輩出する麻布vs開成ではなくクイズ的なものとなった。先の官僚の「知識」がかなりマニアックであったことが大きい。例えば、こんなことを尋ねられた。

総理大臣、ノーベル賞受賞者、五輪の金メダリストを生んだ高校は二校です。知っていますか?

一つは、旧制東京府立第一中学時代を含めた都立日比谷高校であることは察しがついた。しかし、なかなか固有名詞が出てこない。解答は、首相：阿部信行（1939〜40年）、ノーベル賞受賞：利根川進氏（87年、ノーベル医学生理学賞）、金メダリスト：西竹一（32年、ロサンゼルス五輪・馬術）。

もう一校は全く思いつかなかった。何と神奈川県立横須賀高校。首相は、言うまでもなく小泉純一郎氏である。ノーベル賞受賞者：小柴昌俊氏（02年、物理学賞）、金メダリスト：猪熊功（64年東京五輪・柔道）である。

話を聞いていて面白かったのは、各地域（都道府県）には必ずライバル校があるということだ。私立麻布・開成以外にも北海道立札幌南・北高校、大阪府立北野・天王寺、福岡県立修猷館・福岡などで雑誌の特集で取り上げられる。

だが、首都圏括りで見ると埼玉県立浦和、神奈川県立湘南高校が隠れたライバル校だという。浦和：武正公一衆院議員、杉田和博官房副長官、安田充総務事務次官、國部毅三井住友FG社長、佐藤優氏（作家）、湘南：石原慎太郎元都知事、牧野力・元通産事務次官、福田淳一財務事務次官、飯盛徹夫みずほ信託銀行社長ら。読者の出身高校は如何?

12　官邸内の〝嫌財務省〟勢力の存在（2018・3・20）

米紙ニューヨーク・タイムズ――。何かにつけて安倍晋三政権に対して厳しい論調で知られる。財務省近畿財務局が森友学園への国有地売却に関する決裁文書の改ざんをしていた問題について、同紙は次のように報じた。

「仮に直ぐの首相辞任はないにしても、安倍氏の9月総裁再選は消えた」

こうした報道を受けて、海外投資家や金融市場関係者の間で「Abexit（アベグジット）」という言葉が使われるようになった。

英国の国民投票でEU（欧州連合）離脱が決まった際の造語「Brexit（ブレグジット）」をもじって、アベノミクスとイグジット（出口）の造語である。

筆者は、安倍首相の総裁3選の可能性が消えたと断じるのは早計に過ぎると思うが、安倍政権が直面する現状は想像を超えるほど深刻だ。

事と次第によっては、自民党総裁選にも大きく影響する。安倍官邸がそうした危機感を抱いているのは事実である。

3月7日、まさに近畿財務局で国有地売却を担当していた上席国有財産管理官が自殺したが、残された遺書とメモに本省の指示で文書改ざんさせられた経緯が記述されているというのだ。

文書改ざん問題の最大の「謎」は、財務省の理解に苦しむ説明である。石井啓一国土交通相は13日の記者会見で、問題の国有地を所有・管理していた同省大阪航空局が改ざん前の決裁文書を保有していることを5日に財務省に伝え、そのコピーを渡していたと語った。

だが財務省はなぜか、与党要請に応じて8日に改ざん後文書のコピーを提出したのだ。国交省が昨年来、財務省による改ざん前後の文書の存在を掌握していたのであれば、当然安倍官邸も承知していたはずだ、と筆者は判じていた。日を置くことなく朝日新聞（15日付朝刊）は「改ざん前文書官邸5日把握」と、まさにその点を突いてきた。

では、なぜ財務省は敢えて改ざん後文書を提出したのか。

考えられることは一つ。首相官邸の誰かが、判断を仰いだ財務省側に「指示」したのではないか。

官邸内の〝嫌財務省〟勢力が、改ざん関与の近畿財務局→理財局の頂点である麻生太郎財務相の責任問題への発展を念頭に置いて「指示」したのではないか。仮説である。

政治的思惑という見方以外にこの「謎」の解はない。麻生氏は23日に予定される佐川宣寿前国税庁長官証人喚問を前に「オレの美学に反するが」と語ったとされるが、その意味することは何か。

13 安倍首相のスピーチライターが書いた「真実本」（2018・8・7）

安倍晋三首相に関する書籍、いわゆる「アベ本」は巷に掃いて捨てるほどたくさんある。かく言う筆者も『安倍政権365日の激闘』（東洋経済新報社）を2014年1月に上梓している。

そんな星の数ほどある「アベ本」の中でも、これこそがピカ一と言える本が刊行された。内閣官房参与の谷口智彦慶應義塾大学大学院システムデザイン・マネジメント研究科教授の『安倍晋三の真実』（悟空出版）である。

谷口氏は永田町と霞が関で「首相のスピーチライター」として知られる。

超過密日程をこなす安倍首相に最も接しているのは、もちろん首相秘書官（事務担当）である。首相事務秘書官は、事実上の首席秘書官である今井尚哉首相政務秘書官（1982年旧通産省入省）の下に5人配置されている。

新川浩嗣秘書官（87年旧大蔵省）、佐伯耕三秘書官（98年旧通産省）、鈴木浩秘書官（85年外務省）、島田和久秘書官（85年旧防衛庁）、大石吉彦秘書官（86年警察庁）。

ちなみに佐伯氏の入省年次が他の秘書官と比べて極めて若いのには理由がある。同氏が内閣副参事官時代から今井首席秘書官の下で首相の施政方針演説の草稿作りなどに関わったことで高い評価を得たことから、17年7月に異例の抜擢となったものだ。

佐伯秘書官もまたスピーチライター。しかし、谷口氏が果たす役割は全く別もので、首相の外交演説を書いているのだ。

一例を挙げて説明したい。本書の中でも言及されている、2015年4月29日に米議会上下院合同会議で安倍首相が行った「希望の同盟」と題された演説までの経緯を知れば、それは分かる。

同演説にある「太平洋から、インド洋にかけての広い海を、自由で、法の支配が貫徹する平和の海にしなければなりません。そのためにこそ、日米同盟を強くしなくてはなりません。私達には、その責任があります」に、筆者は強く惹かれたのを覚えている。

谷口氏は、安倍首相が祖父・岸信介元首相に続いて首相として2人目となる米議会演説に懸けた熱情を詳述している。40分に及んだ同演説は英語で行った。谷口氏が吹き込んだカセットテープで繰り返し練習したというのだ。

同氏が言う「鬼気迫る練習に、たびたび心打たれました」ことが安倍首相の〝強靱さ〟を表している。

安倍首相と同じ目線で接し、発想しているからこそ書けるのだ。

14 参院選で菅官房長官の果たした役割（2019・7・30）

第25回参院選（19年7月21日投開票）には幾つかの特色があったが、その中で最も注目したのは菅義偉官房長官の果たした役割である。

筆者の手元に菅氏が選挙期間中に全国遊説した分単位の日時と、住所まで記した演説場所の一覧表（非公開）がある。自民党本部が作成した主要閣僚と党役員の遊説日程表（A４判）とは異なるものだ。

同氏は公示日の7月4日から選挙戦最終日20日までの17日間に、1都16県56カ所を訪れた。東京が4回、宮城は3回、そして2回は岩手、秋田、山形、新潟、千葉、広島。とりわけ、秋田の遊説先8カ所と山形の6カ所、そして1回訪問の滋賀の6カ所が際立つ。

結果的に自民党が総力戦で臨んだ32の1人区のうち東北の激戦選挙区（岩手、秋田、宮城、山形）すべてで敗北した。

東北以外の激戦区だった新潟と滋賀も敗北したが、菅氏がテコ入れした広島選挙区（定数2）は新人の河井案里氏が現職大物の溝手顕正氏をかわして2位で当選した。

一方、「参院選調査結果一覧」と題されたA４判9枚の自民党独自の情勢調査（7月13〜14日実施）と菅氏が訪れた日時と場所を比較検証すると、興味深いことに気づく。

一例を挙げると、自民党現職の愛知治郎氏と立憲民主党公認候補の石垣のりこ氏の一騎打ちだった宮城である。

愛知氏は石垣氏に２・１％リードを許していたのが10、11両日に菅氏が応援に入った直後に４・３％の差で逆転した。これを受けて菅氏は急きょ19日も宮城県入りした。だが、僅か９４９８票の差で届かなかった。

広島のケースも注目すべきだ。自民党調査だけではなく、13～14日実施のメディア各社の情勢調査では、溝手氏、河井氏、野党統一候補の森本真治氏の順位だった。

ところが菅氏が15、16両日に県内４カ所で街頭演説したところ、最終結果は森本氏がトップ当選、河井氏は溝手氏に２万５千票超の差で勝利する番狂わせとなったのだ。

こうした事例は兵庫選挙区（定数３）でも見られた。自公両党と、４月の大阪府知事・市長のダブル選で勝利した日本維新の会と立憲民主党の４党による死力戦だった。

しかし、公示前に２回兵庫入りした菅氏が県内の業界団体に対し公明への支持を要請したこともあって、苦戦が予想された公明新人が自民新人より先に当選を確実にした。

筆者の指摘は、菅官房長官が事実上の自民党幹事長として改選複数区などで勝利を呼び込んだということである。今後ますます、同氏の存在感が高まるのは間違いない。

第8章

安倍政権は「この国のかたち」をどのように描いたか

憲法改正が政治家としての安倍晋三首相の悲願であることは周知の事実である。令和初の憲法記念日だった2019年5月3日、安倍首相は東京都内で行われた改憲派の「公開憲法フォーラム」の集会にビデオメッセージを寄せ、「2020年を新憲法施行の年にしたい気持ちに変わりはない」と述べた。その要旨は次の通り。

《一昨日、皇太子殿下がご即位され、新しい時代、令和の時代がスタートしました。……自民党は立党以来、憲法改正を党是としてまいりました。2年前のこのフォーラムで、私は「2020年を新しい憲法が施行される年にしたい」と申し上げましたが、今もその気持ちに変わりはありません。自民党においては国民主権、基本的人権の尊重、平和主義という現行憲法の3つの基本的原理は堅持しつつ、昨年、改憲4項目の条文イメージをとりまとめ、今年の運動方針においても新しい時代に即した憲法の改正に向けて道筋をつける覚悟であることを確認いたしました。〈後略〉》

ここにある「昨年、改憲4項目の条文イメージをとりまとめ」とは、17年秋頃から18年初春までに自民党憲法改正推進本部を中心に行われた党内改憲論議を指す。だが、安倍氏が拘泥する憲法9条改正についての言及は同ビデオメッセージになかった。

そこで筆者は、こうした党内論議が誰を中心にして行われたのかを検証することで、自民党改憲最終案の方向性を探ることにした。なぜならば、安倍氏が「20年の新憲法施行」実現を目指すのであれば、20年1月召集の第199回通常国会会期中に改憲発議を行い、その後に国民投票を実施することになるからだ。

18年初春、前年12月に自民党憲法改正推進本部（本部長・細田博之元総務会長）が公表した「憲法改正に関する論点とりまとめ」の中で、とりわけ注目を集めた憲法9条改正の方向について、安倍首相案「9条第1項・2項を維持した上で、自衛隊を憲法に明記する」に、それまで反対していた石破茂元幹事長が同調した。

当時の論議は、細田本部長を中心に、とりまとめ役の根本匠事務総長（現厚生労働相）、新聞記者出身でメディア対応を担う岡田直樹本部長代理（参院幹事長代行）、党内中堅代表格の柴山昌彦事務局次長・総裁特別補佐（現文部科学相）の3人がリードオフマンだった。

現在の憲法改正推進本部メンバーは大幅に入れ替わっている。本部長・下村博文元文部科学相（衆院当選8回・細田派）、特別顧問・細田前本部長（同当選10回）、本部長代理・新藤義孝元総務相（同7回・竹下派）、事務総長・平沢勝栄政調会長代理（同8回・二階派）、事務局長・岡田参院幹事長代行（参院当選3回・細田派）、本部長補佐・萩生田光一幹事長代行（衆院当選5回・細田派）などである。入閣した根本氏は衆院当選8回・岸田派、柴山氏が同6回・細田派である。

この「改憲シフト」からも分かるように、改憲推進派の過半は安倍氏の出身派閥である細田派（清和会）であり、事実上の「安倍派」の面々である。改憲を悲願とする安倍氏の強い想いを党内で体現していると言っていい。

9月中旬に行われる内閣改造・党役員人事で、恐らく上川陽子前法相（衆院当選6回・岸田派）が本部長代理に就くと同時に、衆院憲法審査会幹事に就任するはずだ。派閥は異なるが上川氏を安倍氏は高く評価している。加えて首相最側近の一人、世耕弘成経済産業相（参院5回・細田派）が参院幹事長に転じて、参院のとりまとめ役になる。

この陣立てからも安倍氏の〝本気度〟が伝わってくる。それでは、安倍氏は今秋の臨時国会、そして来年の通常国会での改憲論議を通じて、自らが目指す憲法第9条第1項の「戦争の放棄」と、第2項前段の「戦力の不保持」、後段の「交戦権の否認」をいかにソフトランディングさせるつもりなのか。

換言すると、憲法改正の是非が終章で紹介する今後の政局展開における重要なファクターになるということである。

安倍氏は7月の参院選で、改憲論議をタブーにすべきではないと繰り返し訴えていた。参院選直前の6月13日、イランとオマーンの間に位置する海上交通の要衝ホルムズ海峡で日本向け石油タンカー（船籍はパナマ）など2隻が何者かに攻撃されて船体に損傷を受けた。折しも当日は、イランの首都テヘラン滞在中の安倍氏と同国最高指導者ハメネイ師の会談が行われたタイミングであった。その後も、英船籍タンカーがイランに拿捕されるなどホルムズ海峡情勢は緊迫の度合いを増している。

それでも安倍政権は、今日に至るまで関与を否定するロウハニ政権への〝配慮〟に重きを置いているようだ。イランとの歴史的な友好関係を貴重な「外交アセット（資産）」と見なしているからだ。日本は必ずしも「米国のポチ」ではない証と言いたいということもあるだろう。

だがそれよりも何よりも、安倍氏は15年9月19日に難産の末、平和安全法制関連2法案（通称「安全保障関連法案」）が参院本会議で成立をみたことで、「憲法9条の下で許容される自衛の措置」に自信を持ったことが大きい。懸案の安全法制制定に続き、憲法改正を実現して「この国のかたち」そのものを今の時代にマッチしたものに変容させる――。それこそが、安倍氏が目指していることなのである。

1 問われる少子化対策への本気度（2016・2・23）

2月20日夜のNHKスペシャル「私たちのこれから」で、筆者インタビューが放映された。テーマは日本が直面する超少子化問題。政治取材が本業の筆者が、なぜ「少子化問題」なのかと不思議に思う向きが少なくないはずだ。

実は15年11月、講談社のウェブサイト「現代ビジネス」の連載コラムが大きな反響を呼んだ。ヤフーの週間アクセスランキング第1位。

では、同コラムで何を取り上げたのか。

《「第1子に1000万円支給」少子化問題はこれで解決する！　予算的には問題なし。問われるのは安倍総理の本気度だ》これがタイトルだった。

フランスは1990年代半ば、「国が子供を育てる」という画期的な少子化対策を打ち出し、「女性活躍」社会を制度化して出生率2・0を達成した。

ところが、現下の日本は出生率1・5以下の超少子化に直面している。

そこで荒っぽい試算ではあるが、日本でも仮に第1子に対する子育て支援として1000万円を支給すれば、5兆円の予算で新生児が約50万人増える。

3年間続ければ、15兆円で150万人の人口増加が見込め、「第3次ベビーブーム」が到来する、と書いたのだ。ちなみに筆者は「第1次ベビーブーム」の団塊の世代だ。

NHKのディレクターがその記事を読み、アプローチしてきたのである。

不徳の致すことだが、実は産経新聞論説委員の河合雅司氏ははるか5カ月前に「少子化対策―第3子に1000万円支援を」と書いていたのだ。

友人から指摘されて初めて知った。同氏は『日本の少子化百年の迷走――人口をめぐる「静かな戦争」』（新潮選書）を著した人口問題プロフェッショナル。

同紙の「日曜講座」に「第3子以降が増えない限り人口が増加に転じることはない」としたうえで「第3子に1000万円支援を」と書いておられる。

それはともかく、件のNHK番組は、以下のような内容であった。

日本がなぜ超少子化に陥ってしまったのか、時代を振り返りながらこれまでの対策を検証し、フランスの子育て支援の詳細を紹介した。

さらにスタジオ出演の大学教授などの専門家、非正規社員、学生らが、若者が結婚できない、そして結婚していても子供を作れない「経済的理由」について論議を重ねた。

アベノミクスの「新・三本の矢」に希望出生率1・8%とある。しかし、その実現にはまだ時間を要する。

2　「働き方改革」の総仕上げ（2017・11・28）

11月16日夕に首相官邸で開かれた経済財政諮問会議（議長・安倍晋三首相）は、報道された以上に注目されて然るべきだった――。

「AI開発　政府『司令塔』強化を―技術革新非効率性を指摘、諮問会議で民間議員」の見出しを掲げた産経新聞（17日付朝刊）のみが大きく報じた。

それだけではない。実は10月26日の前回経済財政諮問会議も大きく報道されなかった。

なぜ、刮目すべきなのか。同経済財政諮問会議開催当日の午前、官邸を訪れて安倍首相と面談した人物を承知すれば、それは分かる。

経済財政諮問会議を所管する内閣府の河内隆事務次官（1982年旧自治省入省）に同行して安倍首相にブリーフィングを行った2人がキーマンである。

内閣府の新原浩朗政策統括官（経済財政運営担当・84年旧通産省）と田和宏政策統括官（経済社会システム担当・同旧経企庁）だ。

この2人の内閣府官僚は、出身省庁が異なるが、第4次安倍内閣が傾注する「働き方改革」のコンセプト・メーカーである。

まず新原氏。安倍官邸主導の下、同氏が一時期、連合（神津里季生会長）の逢見直人事務局長（現会長代行）と水面下での交渉を通じて高度プロフェッショナル制度（高プロ）導入の労働基準法改正案国会提出を、結果的に不首尾に終わったが、準備していたことは周知の通りである。

次は、田和氏。先に言及した10月の経済財政諮問会議で安倍首相は初めて具体的な数字を挙げて「3％の賃上げ」を経済界に要請した。

この首相発言の背景には、来年の春闘ベアは成長産業への人材移動を促す労働市場改革とセットで進めることが欠かせないという考え方があるのだ。

これは、労働力を産業間で移動させる、すなわち「労働モビリティ」ということであり、賃上げと解雇をセットにした労働市場改革を目指すということである。

このコンセプトを捻り出したのが田和氏。「解雇」が担保されれば、経済界は必ず安倍政権が期待する来年春闘での賃上げに前向きになると踏んでいるのだ。こうして「働き方改革」の具体策が構築されてきた。

安倍官邸は今、春闘のベアを織り込んで高プロ導入の労基法改正案を通常国会に提出・成立を18年度予算成立のタイミングに合わせて実現、「働き方改革」の総仕上げにする腹積もりである。

3 教育・人材開発に意欲を見せる経産省

（2018・1・30）

経済産業省（嶋田隆事務次官）は1月19日、「『未来の教室』とＥｄＴｅｃｈ研究会」（座長・森田朗津田塾大学総合政策学部教授）を発足させ、第一回会合を開いた。

世界各国で「創造性」、「課題解決力」、「科学技術」を重視した教育改革が進み、様々なＥｄＴｅｃｈ（革新的な教育・人材開発技法）の教育現場への実践が進んでいる。

そうした中で、日本の産業や地方創生の未来を切り拓く人材育成は、就学前、初中高等教育、リカレント教育（生涯教育）の各教育段階で必要な教育を議論し、5月末に取りまとめを行う予定である。

同省で所管するのは商務情報政策局サービス政策課と教育サービス産業室。かつて近畿大学理事長を務めた世耕弘成経産相は「ＥｄＴｅｃｈは、安倍晋三政権が目指す生産性革命と、人づくり革命の両方に資する要素として位置付けられている。この研究会の議論を踏まえて先進的・革新的なＥｄＴｅｃｈ活用プロジェクトを現場に導入していきたい」と意欲満々である。

ここで問題となってくるのは文部科学省（戸谷一夫事務次官）との関係である。

教育と言えば文科省の所管であり、同省は経産省と同じ問題意識に立った教育行政を推進しようとしている。

つまり、両省が同じベクトルに向かうわけであり、そこで懸念されるのは「対立」である。「ゆとり教育」の見直しの際に学力問題がクローズアップされたが、それを問題視したのは産業界であり、「教育を文科省から奪いたい経産省の思惑から始まった」とする文科省の経産省に対する警戒感は今なお根強い。

今回の研究会発足は産業界の意向に応えるためのものとされるが、文科省の「縄張り」に大きく踏み込むという印象は拭えない。

文科省は次期学習指導要領が始まる２０２０年から小学校でのプログラミングの必修化をスタートさせるが、先の会合で既に米国では15年、英国では14年から始まっているとするなど、文科省批判と受け取れる指摘をした。

さらに件の研究会では設置した専門委員会ワークショップを複数回実施する予定だが、そこに教員も参加させることになっており、教員・学校を自らの「縄張り」に取り込む意図が透けて見える。

教育現場で経産省の発言力が大きくなっていけば、ますます文科省の権限縮小、弱体化が進み、霞が関での存在感が希薄となるのは必至である。

4 憲法改正「4点セット」に注目（2018・3・13）

3月25日、自由民主党は第85回党大会を開催する。

筆者の手元に同党運動方針案起草委員会（委員長・山口泰明組織本部長）が作成した「平成30年度党運動方針案」がある。

その中に「憲法改正案を示し、改正実現を目指す」という項目があり、そこには次のように記されている。

《国民に問うにふさわしいと判断されたテーマとして、①安全保障に関わる「自衛隊」、②統治機構のあり方に関する「緊急事態」、③一票の較差と地域に民意反映が問われる「合区解消・地方公共団体」、④国家百年の計たる「教育の充実」の4項目について議論を重ねてきた。

憲法改正は、国民の幅広い支持が必要であることに鑑み、これらの4テーマを含め、各党各会派から具体的な意見・提案があれば真剣に検討するなど、建設的な議論を重ね、改正案を示し、憲法改正の実現を目指す。》

自民党憲法改正推進本部（本部長・細田博之元総務会長）が17年12月20日に発表した「憲法改正に関する論点とりまとめ」では、焦点の憲法9条改正の方向について、両論併記といった妥協措置が取られた。

すなわち、安倍晋三首相案の「9条1項・2項を維持した上で、自衛隊を憲法に明記する」と、石破茂元幹事長が主張する「9条2項を削除し、自衛隊の目的・性格をより明確化する改正を行うべき」であった。

だが、2月下旬になって石破氏が日本経済新聞のインタビューで戦力保持を規定した9条2項を維持する首相案を容認する意向を明らかにしたことで、「9条改正」問題は事実上の決着をみた。

この間、総裁直属の改憲推進本部で深められた論議は、同本部が作成した「9条改正案の分類に示した各類型の主な条文例」、「自衛隊・自衛権を明記する場合の条文表現上の論点（改正案の分類）」などの資料・チャートに詳しい。

改憲推進本部の議論は、とりまとめ役の根本匠事務総長（元復興相）、メディア対応を担う岡田直樹本部長代理（参院幹事長代行）、中堅代表格の柴山昌彦事務局次長（総裁特別補佐）の3人が中核的な役割を担っている。

そして、実は党本部3階にある改憲推進本部の事務方である福富健一調査役が資料・チャート作りのキーマンである。

そうした中、細田本部長は3月4日のオフレコ懇談で「（改憲案は）4点セットになっている」と断じた。自民党大会で明らかになるはずだ。

5 「第4次産業革命日本センター」設立（2018・7・31）

少し前のことだ。7月2日夜、東京・六本木のホテル・グランドハイアットでパーティーが開かれた。一般社団法人世界経済フォーラム第四次産業革命日本センターの設立式典である。通称「ダボス会議」で知られる世界経済フォーラム（本部スイス）の第四次産業革命センターの連携拠点として、独立系シンクタンクであるアジア・パシフィック・イニシアティブ（船橋洋一理事長）と経済産業省（嶋田隆事務次官）が協力して設立したものだ。

船橋氏と世耕弘成経済産業相との対話のなかで「第四次産業革命を実現するための最先端の官民連携のモデルを日本が構築することが必要」で一致したことが発端だったという。

当夜は、世耕氏を始め甘利明、茂木敏充氏ら歴代の経産相から経済界重鎮の中西宏明経団連会長（日立製作所会長）、小林喜光経済同友会代表幹事（三菱ケミカルホールディングス会長）、そして同センターの創立パートナーであるサントリーの新浪剛史社長、同じくＨＯＲＩＢＡグループの堀場厚会長など多数が出席した。

官界から当該の経産省の嶋田次官、糟谷敏秀経済産業政策局長（現官房長）、そして支援する日本貿易振興機構（ジェトロ）の石毛博行理事長ら。

多くの出席者を前にハプニングがあった。船橋氏が同センターの事実上のトップ、専務理事に須賀千鶴商務・サービスグループ政策企画委員を指名したのだ。

須賀女史は米ペンシルベニア大学ウォートンスクール留学中にＭＢＡを取得、医療経営・社会起業を学んだ逸材である。そして、「ＩＴメディア界の革命児」と称される川上量生ドワンゴ前会長（カドカワ社長）の妻。

とはいっても、２００３年入省の課長一歩手前が、第四次産業革命による日本戦略の策定の実務責任者という画期的な人事だ。

具体的には、①日本のモノの強さ（ＡＩデータとハードウェアの擦り合わせ）、②グローバルに見た社会課題の先進性・大きさ（高齢化、労働力・人口減少）、③リアルデータの取得・活用可能性（医療、自動車、工場などのデータ）の観点から、日本としての戦略分野を特定するという「大仕事」である。

そしてセンター設立は、「国境を超えたオープン・イノベーションによる世界経済の新たな成長への貢献、そして先端的な技術進歩と対応する制度の差、各国の制度間の差である『ガバナンス・ギャップ』の克服が目的」というのである。

6 高齢者雇用制度、どう見直す？

（2018・10・30）

10月22日午後、首相官邸で未来投資会議（議長・安倍晋三首相）が開かれた。24日に召集された臨時国会で安倍首相が所信表明演説でも言及した「全世代型社会保障制度改革」の第1弾として、高齢者雇用制度の見直しがテーマであった。

最近、新聞紙上で大きく取り上げられている企業の継続雇用年齢を65歳から70歳に引き上げることが、その〝目玉〟である。

２０１７年時点での人口構成を見てみると、「団塊の世代」のトップランナーである１９４７年（昭和22年）生まれの70歳は男女合わせて約２０１万人（男96・５万、女１０５万人）である。続く48年生まれの69歳は男１０２万、女１１１万人、49年生まれの68歳が男１０４万、女１１２万人。

安倍首相は未来投資会議で来年夏までに改革の具体策を固めた上で、法案を国会に提出・成立を目指すと言明した。

従って、「70歳の中途採用」の対象となるのはこのうちの男性約４１２万人で、その中でも引き続き働く意思、体力、技術（専門性）がある人たちを念頭に置いている。

たとえ政府が中途採用市場拡大の旗を振っても、本人のヤル気と企業側の受け入れ態勢（制度）が整備されなければ絵に描いた餅に終わる。

筆者を含めて団塊の世代は２０２４年に全員75歳になる。

手元に財務省が10月に作成した「我が国の財政をめぐる現状等について」と題されたＡ４判冊子がある。

国の一般会計歳出・歳入の90年と18年の比較データが記載されている。歳出のうち社会保障関係費が21・４兆円増えて33兆円に達した。歳入（税収）は58兆円から59・１兆円の微増に過ぎない。

同世代に関わる年金支給、医療・介護費支出などすべてが、この65歳から75歳にかけてターニングポイントになることが分かる。

次に、日本の生産年齢人口（15〜64歳）１人当たりのＧＤＰの変遷を見てみる。アジア金融危機に見舞われた97年の８７０万人が17年には７５９万人と12・９％も減少している。その一人当たりの名目ＧＤＰは02年まで急減、一時回復したが08年から11年まで再び減少した。16年には97年当時の６１２・７万円をクリアして17年は７２２・３万円となった。この間の生産年齢人口減が基調にあるが、それほど悪い数字ではなかった。

要は、働けるうちは働けということなのだ。

終章　政局を読む

消費増税と「先行き不透明感」

現在、わが国は「先行き不透明感」の真只中にある――。その理由はいったい何か。幾つか挙げられるが、まず指摘すべきは日本の確たる将来像が見えて来ないことである。

とりわけ、懸念材料が多すぎて経済・景気の先行きが不透明に過ぎることだ。それは途端に国民の心理状況（気分）に大きな影響を与える。それだけではない。

「センチメント（市場心理）」という言葉があるように、日本経済の実態を反映する株式・為替市場にも及ぶ。10月1日からの消費税率10％への引き上げを前に市場関係者の間では、東京株式市場の日経平均株価が2万円を割り込む日はそう遠くないと取り沙汰されている。

「株価は所詮株価でしかない」という向きもあるが、国民レベルだけではなく、経済界全体にも心理的な影響を与えるのは否定し難い事実である。要は、気分の問題なのだ。

筆者は仕事柄、よくタクシーを利用する。そして乗車中、必ず運転手に「景気はどうですか？」と声をかける。加えて、筆者は実は景気動向の判断材料となる独自の目安を持っている。

事務所がある東京・神保町から銀座に出向くとする。白山通りから皇居の内堀通りを経て日比谷通りに入り、日比谷交差点で晴海通りを左折するのが通常のルートである。ここが、まさに目安なのだ。晴海通りに入り、その先にある有楽町ガード越しに数寄屋橋交差点までを見通せるのは「悪い兆候」である。タクシーを始め、トラック、ライトバンなど商業貨物車から自家用車、黒塗りのハイヤーまで走行する台数が少ないということである。

逆に信号待ちや自然渋滞のクルマが多ければ、数寄屋橋スクランブル交差点は視線の先に見えない。その場合、有楽町・銀座界隈を散策する人たちが多く、景気は上々ということになる。すなわち、筆者の定点観測は、日比谷交差点でクルマの混み具合を一瞥することで、景気の良し悪しを判断するということなのだ。

そして2019年の春が過ぎた5月頃から「見通せる」日々が増えてきている。この目安に従えば、タクシー運転手を含め多くの人々が景気後退を肌身で感じ、〝モヤモヤ〟した気分に陥り始めたということである。それが冒頭の「先行き不透明感」に繋がる。

それは消費増税と無関係ではない。筆者は、本書の「はじめに」でも言及したように、安倍晋三首相は必ずや消費増税の再々延期を決断するとみていた。執拗だと思われるだろうが、再び政治コラムを連載中の『週刊東洋経済』を持ち出す。同誌（7月13日号）に「同日選と消費増税延期が見送られた本当の理由」の見出しが付けられた記事である。

《冒頭、お断りしなければならない。筆者はかねて「衆参同日選、消費増税の再々延期」の見立てを主張してきたが、事ここに至り、この自説を撤回する。見誤ったことは事実であり、その検証は後段で行う。》と書き始めている同記事で、その理由を探るため想像逞しい見立てを紹介した。

すなわち、安倍首相が菅義偉官房長官への事実上の禅譲を密かに決めていたので、衆参同日選ではなくても自民、公明の両与党でギリギリ改選議席過半数を制することができるとの判断から参院選単独を、そして本音ではやりたくない消費増税実施を責任政党の公約であるとして「安倍後継」のために決断したのではないか、との分析であった。

このように書き綴ると、「負け犬の遠吠え」と言われそうだが、筆者は現時点でもこの見立ては基本的に間違っていなかったと確信している。

安倍晋三首相が5月大型連休から6月半ば頃まで、消費増税の三度目の先送りを真剣に検討していたことは紛れもない事実である。「安倍周り」の証言も得ている。

第198回通常国会会期中、菅氏は定例記者会見で「リーマン・ショック級の事態が起こらない限り、消費増税を実施する」と繰り返していた。同事態の定義は措くとして、まず看過すべきでないのは、安倍氏が拭い難い財務省不信を抱いてきたことである。消費増税を所管する財務省が14年4月の消費税率8％への引き上げに当たって、13年度補正予算を組んで5・5兆円の経済対策を実施する、14年度予算でも公共事業の執行を早めるなど事前説明で消費の反動減は招来しないとしたことを、安倍氏は「嘘をついた」として今も許していないのだ。

それにしても、最終的に消費増税を決断した。その理由は、安倍氏が17年9月28日に消費増税の増収分を教育無償化に充てると公約した上で衆院解散に踏み切ったこと、さらに19年5月10日に低所得世帯を対象とする高等教育無償化に向けた大学等修学支援法（通称、大学無償化法）が成立したことで、「法律も出来たから止むを得ない」と判断したというのが真相である。

教育無償化を公約に衆院解散・総選挙に持ち込み勝利し、その公約を法制化したことは首相としての責任を果たしたことになる。事実、幼児教育・保育の無償化は10月から実施され、20年4月からは大学無償化が始まる。その財源はいずれも10月から実施される消費税率10％引き上げ分を充てる。

そうではあるが、消費増税後の消費落ち込みから来る景気の大幅後退の心配はないのか。繰り返すが、今や国民は「先行き不透明感」を拭いさることができず、静かに逼塞しているようだ。

日本人の国民性は分かりやすい。かつてオイル・ショックを経験した際、トイレットペーパー買いだめに走り回ったことがあった。消費税率の2％引き上げに直面すれば、必ず日常生活における消費を控える。とりあえずカネは使わず、手元に残して日本経済の先行きを注意深く見守る――。それが日本人の消費性癖なのだ。今回の消費増税を前に、駆け込み需要は少なかったという。

難航必至の政権運営

そこで筆者が注視するのは、今秋から来年の東京オリンピック・パラリンピック開催までの政局動向である。

安倍官邸からは、10月第1週召集の臨時国会で超大型補正予算を組んで経済対策を実施するなど政策総動員態勢で臨むとの声が聞こえてくる。しかし、その予算執行は来年である。カネが世間に出回るのは来年以降なのだ。

その前に「リーマン・ショック級の事態」に直撃されたらいったいどうするのか、と筆者は言い続けてきたのである。決して〝狼少年〟ではない。

「グローバル」の代名詞にもなった国際金融センター香港における現下の騒乱は実に深刻である。「逃亡犯条例」改正案をめぐる若者を中心とする政府抗議活動はエスカレート、過激化・長期化して危機的状況を迎えている。中国の習近平指導部が武装警察を導入、鎮圧に踏み切れば死傷者が出るのは必至だ。

「第二の天安門事件」を危惧する香港に拠点を置く欧米金融機関は早くもシンガポールに拠点を移し始めている。香港脱出に当たって、当然ながらその金融資産を処分する。香港情勢がこれ以上に深刻化すれば、それは直ちに「香港金融危機」となり、日本のみならず世界経済に多大な影響を与える。「リーマン・ショック級の事態」となるのだ。その点では、中東・ホルムズ海峡情勢と比べても、地政学リスクは香港の方が遥かに高いと言える。

では、スーパーリアリストでもある安倍首相が、消費増税実施を1カ月後に控えて危機回避のために再々延期を選択できるのか。答えは、否である。遅すぎる。

万全な消費増税対策と言われても、先述したように目に見える効果が出るまでに時間がかかる。となると、厳しい現状を受け入れた上での政権運営を余儀なくされる。

「衆院解散」と「憲法改正」に注目

今後の政局展開を読むためのキーワードは二つある。「衆院解散」と「憲法改正」である。やろうとしても踏み切れなかった衆参同日選を検証して分かったように、安倍氏は今でも、21年9月の総裁任期までに最後の衆院解散・総選挙を断行する意向を捨てていない。

焦点は、その時期である。現在、永田町で取り沙汰されている「年内解散」説に果たしてリアリティはあるだろうか。実行するには、相当の力技が必要である。

確かに、現時点で立憲民主党を始めとする野党の選挙準備態勢は整っていない。チャンスと言っていい。しかし、繰り返すが「先行き不透明感」が蔓延する現実の中で、衆院を解散する大義名分はあるのか。

〝たられば〟である。読者が本書を目にする時期である9月12日に予定される内閣改造で、先にキャスターの滝川クリステルさんとの結婚記者会見で世間を仰天させた小泉進次郎衆院議員（自民党厚生労働部会長）が官房副長官（政務）として入閣するようであれば、安倍内閣支持率の急上昇は確実である。

〝たられば〟の屋上屋だが、仮に消費増税の反動減がそれほど深刻でなければ、10月22日の天皇陛下の即位礼正殿の儀、11月14日夕から翌日未明までの大嘗祭など一連の皇位継承の重要儀式すべてが終わった後の11月下旬衆院解散・12月初旬総選挙はあり得る。

次は、安倍氏の悲願である憲法改正である。安倍官邸と自民党は臨時国会（会期は12月前半まで）の衆参院憲法審査会で継続審査となっている国民投票法改正案を成立させ、憲法論議に入ることを目指している。一方、野党は国民投票運動期間中のテレビCM規制議論を先行させることを要求しており、激しい与野党攻防が予想される。

そのような中で、安倍氏は依然として、首相在任中に自衛隊明記などの9条改正まで踏み込んだ憲法改正を是非とも成し遂げたいとの想いを胸中に秘めているのだろうか。

これまでは、そこまで踏み込んだ憲法改正実現にはハードルが高いとする現実的な認識を持ち、憲法改正最終案の取りまとめまで漕ぎ着けるとしても、改憲の是非を問う国民投票まで突き進むことはないとみられていた。

平たく言えば、総裁任期中に改憲案の国会発議（衆参院の3分の2の賛成・可決）→国民投票強行はリスクが大きすぎるということだ。英国の国民投票による欧州連合（EU）離脱派勝利後の国論分裂や経済停滞などの大混乱（10月に合意なき離脱実施）を目の当たりにしており、わが国マスコミ各社の世論調査でも憲法改正反対が概ね50％超である現状からも、改憲強行はリアリティに欠けるとの見方が支配的だった。

ところが、安倍首相が参院選で改憲論議の推進を訴えて勝利したことで様相は変わったかに見える。国会発議に必要となる3分の2の議席は衆院310、参院164であり、衆院は自民党現有議席285、公明党現有議席29の計314でかろうじてクリアしている。一方の参院は自民、公明両党の非改選議席はおのおの56、14の計70議席であり、先の参院選で自民57、公明14の計71を獲得したが、憲法改正に前向きな日本維新の会16と無所属3の改憲勢力を加えても90議席にとどまり、非改選議席と合わせても3分の2に4議席届かなかった。

安倍氏はこの衆参院の現状をどう見ているのか。野党・国民民主党内にも改憲論者は少なくない。臨時国会召集前に、その一部が自民党、あるいは維新の会に合流するとの観測もある。それ故に、9月10日の自民党役員人事が注目されているのだ。二階俊博幹事長、岸田文雄政調会長、加藤勝信総務会長の党3役以下、現執行部の交代があるのかどうか。

この自民党人事と連動して改憲勢力の日本維新の会執行部にも変化があるのか。とりわけ、注目されるのが新党大地の鈴木宗男代表が参院選で維新の会比例代表候補で立候補・当選したことだ。安倍氏と誼を通じる辣腕の鈴木氏が水面下で改憲勢力再編に動くとの指摘がある。

本書のタイトル「政治のリアリズム」からすると、文字通り、安倍首相が20年1月召集の通常国会会期中に憲法改正案の発議を諮り、その後に国民投票で過半数の賛成を目指すというシナリオはリアリズム（現実主義）に即したものと、到底言えるものではない。

それでも、「一寸先は闇」とされるのが政治である。奇跡の復活を成した「安倍晋三」という化け続けてきた政治家のもとでは、政局の先読みはとくに難しいというのが、筆者の偽らざる現在の結論である。

あとがき

本書は、筆者がほぼ四半世紀にわたって産経新聞社発行「夕刊フジ」に寄稿してきた連載コラム「永田町・霞が関インサイド」（毎週月曜日掲載）から転載したものである。

直近の２０１４年1月から19年7月までの掲載記事２５１本の中から96本が再録されている。選んだのは花伝社の平田勝社長と編集部の佐藤恭介氏である。

筆者はその作業に全く関与していない。したがって、両氏が読者目線で選別した基準は、読んで「面白かった」のか、「知らなかった」のかのいずれか、あるいはその両方であったと信じたい。

本書に掲載された記事中でも言及しているが、筆者は常にフェア（公正）に、ファクト（事実）を追求するジャーナリストでありたいと念じてきた。それ故に、「ファクト・ファインディング・ライター（Fact Finding Writer）」を自任している。

その契機となったのは、１９７０年代後半に在日米国人フリージャーナリストのジョン・ロバーツ氏（故人）の知己を得たことである。同氏の資料収集癖は半端ないもので、欧米の新聞、雑誌、論文はもとより日本の週刊、月刊誌記事にまで及び、それらを件（事件）名、人名別に整理・分類し索引目録まで作成する「公開情報収集モンスター」と呼ぶべき人物だった。

そのロバーツ氏からファクト（事実）追求の重要さを学んだのである。さらに「インベスティゲイティブ・リポート（Investigative Report）」（調査報道）、「マクレイカー（Muckraker）」（本来の意味「撒き散らされた糞や泥を集める人」から転じて猟犬のように執拗に獲物を追い求めるジャーナリスト。業界用語）という言葉も教えてもらった。当時、米国では「調査報道」がすでに主流になっていた。

それはともかく、記事中の予想が外れたことや分析、指摘が後に事実ではなかったことが判明したこともあった。それはひとえに筆者の「取材力」が至らなかったことに起因する。再録分には、明らかな固有名詞、年月日、言葉遣いの誤りを訂正した以外、修正・加筆はない。掲載時の筆者の情報収集力を、公正に判断していただきたいと願うからだ。

本書を編むに当たって、第1章から第8章までの序文と、終章の「政局を読む」は書き下ろしたものであることも付記しておく。

月並みの言い分ではあるが、引き続き「生涯一記者」として精進しつづける所存である。是非ともご寛容下さい。

本書上梓に当たって、転載を了承していただいた「夕刊フジ」政治担当部長の矢野将史氏に感謝の気持ちを表したい。同氏は長きにわたって筆者の担当編集者でもある。

そして、連載記事から抜粋し、読みやすく再構成された佐藤恭介氏にも改めて感謝申し上げる。なお、出版を快諾して下さった花伝社社長の平田勝氏は、筆者が編集・発行する情報誌「インサイドライン」の創刊当時からの読者である。合わせて謝意を表したい。

母・満子の13回忌を迎えた令和元年（２０１９年）のお盆休み

神保町のオフィスにて

歳川隆雄

歳川隆雄（としかわ・たかお）
1947年、東京に生まれる。上智大学文学部英文学科中退。週刊誌記者を経て81年からフリージャーナリストに。現在は情報誌「インサイドライン」編集長。ニューヨークで発行する「The Oriental Economist Report」の東京支局長も務めている。日本外国特派員協会（FCCJ）、日本記者クラブ、日本ペンクラブ、外国特派員協会（OPC、ニューヨーク）正会員。国際関係では日米問題やアジア問題、また国内政治問題や国際金融問題などについても多くの論文、著作がある。事件の核心に迫り、問題提起を絶やさない、真摯な取材・執筆姿勢には定評がある。「現代ビジネス」（毎週土曜日）、「夕刊フジ」（毎週月曜日）で連載中。
著書に『大蔵省　権力の秘密』（小学館）、『日本の危機管理』（共同通信社）、『官僚疑惑』（東洋経済新報社）、『機密費』（集英社新書）、『外務省の権力構造』（講談社）、『宗男の言い分』（飛鳥新社）、『永田町動乱』（実業之日本社）、『自民と民主がなくなる日』（幻冬舎新書）、『安倍政権365日の激闘』（東洋経済新報社）、『完全取材主義――永田町の現在史を読み解け』（敬文舎）、『財務省の黒い霧』（宝島社新書）など多数。

政治のリアリズム――安倍政権の行方

2019年9月15日　初版第1刷発行

著者 ――― 歳川隆雄
発行者 ―― 平田　勝
発行 ――― 花伝社
発売 ――― 共栄書房
〒101-0065　東京都千代田区西神田2-5-11出版輸送ビル2F
電話　03-3263-3813
FAX　03-3239-8272
E-mail　info@kadensha.net
URL　http://www.kadensha.net
振替 ――― 00140-6-59661
装幀 ――― 黒瀬章夫（ナカグロ・グラフ）
印刷・製本 ― 中央精版印刷株式会社

ISBN978-4-7634-0898-3 C0031